行国之大道 铸金融之基
——中债业务发展历程

中央国债登记结算有限责任公司 编著

Mission and Vision:
Forging the Cornerstone of
World-Class Financial Market

[1 9 9 3 - 1 9 9 6]

[1 9 9 7 - 2 0 0 2]

[2 0 0 3 - 2 0 0 8]

[2 0 0 9 - 2 0 1 5]

[2 0 1 6 - 2 0 2 0]

[2 0 2 1 -   ]

中国金融出版社

责任编辑：王　君
责任校对：李俊英
责任印制：程　颖

图书在版编目（CIP）数据

行国之大道　铸金融之基：中债业务发展历程/中央国债登记结算有限责任公司编著．—北京：中国金融出版社，2022.12

（金融街10号丛书）

ISBN 978-7-5220-1717-4

Ⅰ.①行⋯　Ⅱ.①中⋯　Ⅲ.①债券市场—研究—中国　Ⅳ.①F832.51

中国版本图书馆CIP数据核字（2022）第151441号

行国之大道　铸金融之基——中债业务发展历程
XING GUOZHI DADAO　ZHU JINRONG ZHIJI：ZHONGZHAI YEWU FAZHAN LICHENG

出版
发行　中国金融出版社

社址　北京市丰台区益泽路2号
市场开发部　（010）66024766，63805472，63439533（传真）
网上书店　www.cfph.cn
　　　　　（010）66024766，63372837（传真）
读者服务部　（010）66070833，62568380
邮编　100071
经销　新华书店
印刷　河北松源印刷有限公司
尺寸　169毫米×239毫米
印张　16.5
字数　220千
版次　2022年12月第1版
印次　2022年12月第1次印刷
定价　80.00元
ISBN 978-7-5220-1717-4
如出现印装错误本社负责调换　联系电话（010）63263947

编　委　会

编委会主任：水汝庆

编委会委员：陈刚明　马忠富　柳柏树　唐　彬　史文平
　　　　　　　刘　凡　徐良堆

编　写　组（编写人员按姓氏拼音排序）：
　　　　　　　陈　涛　陈　森　李　波　刘　爽　刘一楠
　　　　　　　廖雯雯　仇　宇　魏海瑞　王　琼　徐　真
　　　　　　　张轶龙　宗　军

以史鉴今　砥砺前行
奋力走好金融基础设施新时代长征路

（代序）

2021年是中国共产党成立100周年，习近平总书记在庆祝大会上发表了重要讲话。我们党的一百年，是矢志践行初心使命的一百年，是筚路蓝缕奠基立业的一百年，是创造辉煌开辟未来的一百年。作为金融基础设施国家事业的建设者，我们要认真学习贯彻习近平总书记"七一"重要讲话精神，从百年党史中汲取智慧力量，从百年传承中永葆政治本色，向着建设与中国大国强国地位相匹配的世界一流金融基础设施、实现中华民族伟大复兴的中国梦奋勇前进。

我从一名中国债券市场蓬勃发展和宏观调控方式深刻转变的亲历者、见证者和实践者的视角，回顾中央结算公司初创设立的历史背景和二十多年的发展历程，深刻感悟中国共产党领导下的中国金融发展史和债券市场发展史光辉历程，感慨系之，与诸君共勉。

一

中央结算公司作为中国特色社会主义市场经济转型时期锐意改革、破旧立新的时代产物，是在中国共产党领导下的中国金融市场发展过程中精心呵护培育的国之重器，自诞生以来就肩负配合整顿金融秩序、防范金融风险、深化金融改革的重任，具有鲜明的政治属性。成立25年来，在中国债券市场蓬勃发展的关键节点上，在中国金融市场茁壮成长的风雨历程中，中央结算公司一直深度参与并发挥了应有的作用。公司与大国债市相伴相生，共同成长，作为国家重要的金融基础设施，与管理部门和市场同仁一道，共同铸就了中国债券市场乃至金融市场今天的辉煌。

第一，准确把握、用心领会中央结算公司成立前中国债券市场的艰辛探索史。

作为金融体系重要组成部分，中国债券市场经历了不同历史时期。改革开放以来，党的十一届三中全会确立了以经济建设为中心的国家发展之路，激发了全国上下建设的热潮，使得"借钱搞建设"成为必要。同时，改革开放解放了人们的思想，我国突破了恪守已久的"既无内债又无外债"的观念，1981年开始恢复发行国债，筹集建设资金，开启了中国债券市场乃至金融市场的大门。

对于1981年到中央结算公司成立前的中国债券市场史，人民银行行领导有过这样一段描述："我国债券市场从1981年恢复发行国债开始，到1996年底债券中央托管机构——中央国债登记结算公司成立之前，先后经历了7年'有债无市'、1993年推出国债期货交易、两年后因'327'国债期货风波而关闭国债期货市场等曲折探索。"那段时间，由于缺乏集中统一的债券托管结算体系，加上风险管理机制没有相应建立，幼小稚嫩的中国债券市场遭遇了严重风险事件，引发国家金融管理部门的关注和反思。打破藩篱、改革转型迫在眉睫。

第二，准确把握、用心领会中央结算公司成立的历史背景。

一方面，中央结算公司为完善债券市场建设、整顿市场秩序、整治市场乱象而设。1992年邓小平南方谈话发表，党的十四大确立了社会主义市场经济体制改革目标，从而为经济金融体制市场化改革吹响了号角。与此同时，中国债券市场也开始了市场化探索。当时债券投资主体多为个人和小机构投资者,随着市场规模的扩大,国债现货、期货和回购交易日趋活跃,中国债券市场进入交易所市场主导时期。

但新生事物往往因缺乏必要的约束而"野蛮生长"。当时全国有多个交易场所,它们都先后开办了国债交易和回购业务,还有大量的证券交易中心、证券公司等开设"国债服务部"提供托管业务,为投资者存放的实物券提供代保管单。由于托管不集中、交易不规范、风险管理失效,国债市场投机炒作情绪浓厚,蕴含着巨大的系统性风险。比如按照规定,回购交易必须要有100%的债券做质押。但事实上,当时各交易所和证券交易中心普遍采取比例回购交易方式,大部分机构的质押券价值不足,所谓的"铺底券"平均只占融资金额的30%左右,低的只占5%左右。风险防控和监管制约形同虚设。

不仅如此,还有更为严重的问题:一是虚假托管。由于缺乏独立、统一的债券登记托管机构,在相当长的时期内,很多交易商拿着一张国债代保管单,就可以到交易场所内设的托管部进行债券登记,然后以此进行回购交易。当时的代保管单很不规范,虚开乱开情况十分严重,这无异于空手套白狼。二是挪用猖獗。一些金融机构受利益驱使,擅自动用客户委托管理的国债。由于没有规范的登记托管系统,很多证券公司的自有债券与客户的债券是分不清的,这就给了一些人可乘之机。三是债务拖欠严重。当时在证券交易中心的回购未清偿额中,逾期比例高达四成,这在当时是一个很大的数额。这些资金,或投入股票市场,或用于长期投资,或占压在房地产上,最终变成无法收回的大量坏账。这些乱象严重危及金融体系安全和社会稳定,当然也不可能形成健康发展的债券市场。

另一方面,中央结算公司为配合金融体制改革、助力宏观调控方式转型而生。1993年国务院发布《关于金融体制改革的决定》,明确提出要完善国债市场,为人民银行开展公开市场业务创造条件;财政赤字通过发行国债弥补；政策性银行可面向机构投资者发行国家担保债券等。1995年《中国人民银行法》颁布实施，意味着人民银行具有更高的货币发行独立性。在这一背景下，1994年至1998年，中国人民银行逐步放弃了对商业银行贷款的直接管理，也就是放弃贷款规模管理，货币政策调控方式由直接调控向间接调控转轨，以适应市场经济体制的要求。间接调控靠"三大法宝"（存款准备金率、再贴现率和公开市场操作），其中最常用的是公开市场操作，完成这一转变迫切需要依托"一个系统＋一个市场"作为基础。"一个系统"是指能够支持公开市场操作的技术系统。1995年，在中国人民银行指导下，中央结算公司前身中国证券交易系统有限公司（以下简称中证交）初步搭建了公开市场业务技术平台，首次采用远程招标支持发行央行融资券，并统一承担融资券的登记、托管和交割，此后，运用央行融资券的公开市场业务也初步进行。"一个市场"是指稳健、兼具深度和广度的债券市场。因为国债市场是所有金融市场中政府参与度最高的市场，是财政政策和货币政策协调的结合点。管理部门越来越认识到债券金融基础设施完善是债券市场乃至金融市场进一步发展壮大的基础，也是宏观经济稳定的基础。做大做强债券金融基础设施成为共识。

第三，准确把握、用心领会国家管理部门为中央结算公司成立所做出的历史选择。

当时，人民银行和财政部等国家管理部门已经把金融基础设施的建设、债券中央托管机构的建立作为一个十分重要的问题来抓，并以中央结算公司前身中证交为具体实施力量，为中国首个中央登记托管体系的建立和首个中央托管机构的设立进行理论和实践方面的准备工作。自1995年开始，管理部门做了大量调研。国际上有一个G30小组（由30名证券登记结算专家组成的小组），并于1989年提出"G30建议"，一共9条，得到了各国普遍认同和积极响应，其中核心的一条是"各国均应实现中央托管"。在人民银行、财政部、证监会等管理部门领导下，中证交承接并最终实施了世界银行技术援助项目——中国政府债券簿记系统咨询项目。1995年底至1996年初，管理部门和中证交人员相继赴澳大利亚、新西兰、马来西亚、中国香港以及美国、德国等欧美债券市场对托管结算体系、法规制度、技术处理等问题做了密集系统的考察。一个项目加两次考察，打开了我国建设中央登记托管体系和债券金融基础设施的视野，验证了管理部门、中证交和市场机构遏制债券市场乱象、配合金融体制改革的思路和工作模式，坚定了我国结合国际经验和本土实践推行集中统一无纸化登记托管、建设中央登记结算机构的信心和决心。

最终在1996年12月，为根治债券市场混乱根源，对分散托管釜底抽薪，经人民银行与财政部协商，报经国务院同意，中国证券交易系统有限公司改组为中央国债登记结算有限责任公司，简称中央结算公司，行使债券中央登记托管结算职能。1997年6月，人民银行发布通知，要求商业银行全部退出交易所债券市场，其在交易所托管的国债全部转到中央结算公司，并可使用自身在中央结算公司托管的国债、央行融资券和政策性金融债等，进行回购和现券交易，银行间债券市场就此诞生。1998年5月，人民银行正式开展真正意义上的公开市场操作，依托中央结算公司债券集中登记托管结算业务平台实施。由此，中央结算公司作为集中统一的债券登记结算基础设施、宏观政策实施支持平台迈上历史舞台。

学史明理，回顾中国债券市场的风雨历程和中央结算公司设立始末，我们由衷感到在党的理论路线方针政策指导下管理部门决策的科学果断和实事求是精神。中央结算公司的设立从根本上改变了我国债券分散托管的落后面貌，是金融市场现代化建设的重大飞跃；中央结算公司的债券中央登记托管结算基础架构使得中国人民银行公开市场操作的政策框架、实施平台、传导机制、技术体系建设达到了新高度。中央结算公司自诞生之始即承担着国家赋予的崇高职责，体现国家意志。从事金融基础设施国家事业,是我们的初心;建设与中国大国强国地位相匹配的世界一流金融基础设施,成为我们的当然使命。

二

中国金融改革开放的大幕在20世纪90年代徐徐拉开之际,正是西方国家金融创新加速发展之时。西方经验似乎成了世界范围内金融改革成功与否的标杆。但中国的金融改革发挥中国的制度优势,紧紧围绕中国本土的实际经验,立足国情同时汲取国外先进经验,开辟了崭新的金融发展与改革道路,向世界贡献出具有鲜明中国特色的智慧经验。中国债券市场和中央结算公司的发展也不例外。

20世纪90年代初,中国人民银行开始实施世界银行技术援助项目——自动化支付系统项目。在项目框架设计中,未来中国自动化支付系统被定义为五个子系统,政府债券簿记系统是其中之一。1995年至1996年,在人民银行、财政部相关领导的支持下,中央结算公司前身中证交承接了中国政府债券簿记系统子项目,来自世界银行、国际货币基金组织、美国DTCC、英国PA咨询等的国际专家提出了许多意见和建议,来自市场机构和交易中介等的国内专家也分享了中国债券市场的实践经验。该项目从讨论到实施,取得了丰硕成果,也忠实记录并最终实践了当时金融管理部门、市场机构对中国债券市场的大胆探索和精心设计,该项目凝结了一代人探索建设中国特色社会主义债券市场的心血,充分展现了道路自信、理论自信、制度自信、文化自信。项目建设留下的闪光点令人惊叹,绝大部分已经变为中国债券市场的现实,其中一些对于中国债券市场和中央结算公司25年的发展影响深远。

第一,坚持推动金融改革的决心不动摇。在项目咨询过程中也曾遇到僵局,留下了"隧道与光"的比喻。部分国际专家打比方,中国政府债券簿记系统和金融基础设施建设好像进入了一个隧道,但相关法律政策经济环境准备不足,没有看到能够走出来的隧道口。对此,主持项目的人民银行行领导巧妙地回应,我们确实进入了一个隧道,对光在哪里尚不太清楚,但我们相信项目必将成功、走向光明。因为中国是借鉴国外先进经验,具有后发优势,同时中国在当时已经有了十多年经济金融体制改革的实践,办法总比困难多,只要方向正确、坚定不移,中国金融基础设施建设必将成功。这一席话驱散了专家心中的阴霾,为项目成功和后续金融基础设施建设奠定了基础。

第二,坚持建设中国特色、国际先进的金融基础设施体系的初心不动摇。在那个还没有明确总结出金融基础设施五大系统包括支付系统(PS)、中央存管系统(CSD)、证券结算系统(SSS)、中央对手方(CCP)和交易报告库(TR)的年代,国内外专家对于政府债券簿记系统目标状态的讨论,有着超前的智慧。一是簿记系统应具有天然的CSD和SSS功能。国内外专家一致认为,簿记系统应自然包括托管系统和结算系统,托管系统和结算系统应是一个完整的体系。国际专家援引美国、欧洲等西方成熟市场多年的经验,表示如果托管系统和结算系统分开,风险控制难度很大。二是簿记系统应与支付系统(PS)紧密相连,保留中央对手方(CCP)净额结算的可能性。国内外专家一致认为,簿记系统的设计应与整个国家的支付系统联系起来通盘考虑,但应结合国情独立构建和运营。当时中国国债市场发展势头迅猛,金融债、企业债也发展较快,簿记系统和以此为核心建立中央登记托管机构的建设任务紧迫,而现代化支付系统尚未完成,其面临的主要任务是安全高效地支持现代化支付,而不是运营更多由市场部门自身能够提供的功能。因此,国内外专家认为,中国政府债券簿记系统应独立构建和运营,未来和人民银行运营的支付系统紧密联系,相互连接,联合运行;同时希望所有资金结算尽可能都在人民银行账户上进行,并认为采取资金净额轧差的方法将是可行的。三是簿记系统不是交易系统,但应统一对接多个交易前台。当国内专家提出簿记系统是否要包括交易系统时，世界银行专家表示簿记系统与交易系统在概念上无关，簿记系统是一个托管结算系统，而且目前簿记系统的基础问题是解决多个前台市场与一个后台系统衔接的问题；世界各地场外交易市场的特点是前台分散化，而使各市场一体化的好办法是通过统一的托管结算系统予以连接并进行统一的结算信息共享。四是簿记系统可同时服务现货市场和期货市场。国际专家提出，要吸取1987年美股黑色星期一的深刻教训，建立一个既独立存在于国内所有交易场所，又与各交易场所进行对接的结算系统，并超前性地提出该系统不仅可以服务于政府债券现货市场，还可服务于金融期货市场。这样的惊人构想使得簿记系统也具备了交易报告库（TR）的雏形。除上述国内外专家达成共识的关键点之外，国外专家反复提示需要重点考虑簿记系统的灾备和受到破坏后的恢复问题。如今，信息技术是金融基础设施的生命线、业务连续性风险防控是金融基础设施工作的重中之重已成为国内外共识。我们花了二十多年，持续进行系统升级，并最终在四大重点项目攻坚战中完成了技术路线和技术架构的重塑，为关键金融基础设施建设奠定了坚实的基础。

第三，坚持以我为主、兼容并蓄的自信不动摇。国内外专家在项目讨论和实施过程的思想碰撞中达成了共识。一是中西结合，坚持从中国的现实情况出发，同时研究国际经验，既不照搬成熟市场的条条框框，也不搞粗放式乱打乱撞，使系统设计和建设阶段安排尽可能与中国债券市场的长远发展要求相适应，并为债券市场的国际化创造条件；二是远近结合，系统建设从一开始就充分考虑今后的体制，着眼于未来，既立足于现实，又不过分迁就现有体制。为此，国内外专家最终总结了一个项目成功的模型公式，即中国金融基础设施系统建设成效 = (A + B) × C，其中，A是国内正在运行的行之有效的系统或做法，B是国外先进国家的成功经验以及惨痛教训，C是考虑中国发展情况的参数，充分展现了项目建设博采众长、为我所用的胸怀与专业态度。

第四，坚持总结经验规律、强化顶层设计的信念不动摇。项目建设最大的成就，就在于正面回应了关于中国债券市场健康发展的重要且关键的问题，不断强化顶层设计，避免重蹈覆辙。一是托管体系应坚持集中，以避免"327"国债期货风波和国债回购风波等类似事件给整个宏观经济活动带来冲击，满足公开市场操作对一级交易商一级账户和国债托管系统安全性的高要求。二是系统建设应坚持信息集中穿透，簿记系统应参考外汇交易系统和银行间人民币交易系统信息集中穿透的成功经验，充分强调信息的封闭运行；系统所采集的交易托管结算信息，必须能及时地在控制系统内反映出来，使得监管者能及时而不是事后看到市场动态变化，不单是数量的变化，还包括结构的变化，不但包括区域性的，还包括系统性的和不同类型金融机构的变化。三是结算方式应以券款对付为目标，应着重考虑风险控制问题，结算的安全性始终是第一位的，这既是中国债券市场发展的目标，也是发展过程中经历过的惨痛教训，必须予以坚持。

在中国债券市场蓬勃发展的今天，回过头来看当年的项目，我们庆幸一批业界贤达，在国际专家的支持配合下，怀着为党和人民事业忠诚尽责的信仰，以及完善中国金融市场体制、发展中国债券市场的信念，趟出了一条独具中国特色的金融基础设施发展之路，并在实践中不断彰显出旺盛的优越性和生命力。2003年国债回购风波再次暴露出账户体系不穿透，无法从根源上防范挪用、串用风险的弊病，后来在交易所市场融资融券等制度设计中，都贯穿了穿透式管理理念。2008年国际金融危机来袭，全球金融体系遭遇重创。此轮危机虽然起源于美国的房地产泡沫和金融杠杆，但是政策失当和监管不力，加上不穿透的账户结构、不透明的托管体系，使得危机来临时，监管部门无法及时反应、纠偏，从而对风险起到推波助澜的作用。人民银行行领导对中国坚持贯彻的中央登记托管体系在国际金融危机中的表现有着高度评价,"与美国金融基础设施建设不同,中国的场外债务资本市场自建立以来就有统一的中央托管体系、集中的交易平台,这些基础设施保障了中国场外债务资本市场运行透明、风险可控。"

国际金融危机发生后,《金融市场基础设施原则》等重要的国际标准纷纷面世,再次呼吁强调集中统一的基础设施运行和托管结算体系。在与欧洲清算银行、明讯银行等国际同业交流的时候,他们都非常羡慕我们具有后发优势,能够建立这样的"中央确权+一级账户"托管结算体系,他们虽然也在努力推进,但苦于固化的利益格局,很难自上而下彻底打破多级托管的路径依赖。

一段时间以来,中国债券市场早有定论的中央登记托管体系安排,令人诧异地成为争论的话题。中央登记托管体系不是中国债券市场发展和对外开放的制约因素,而是符合国际标准、体现中国特色、支持中国债券市场快速健康发展的基础安排。如果拆散它,反而会妨碍市场的安全和效率,损害市场开放的国际竞争力,甚至会带来严重的后果。为此,相关管理部门领导都对坚持中国自信的中央登记托管体系有着明确清晰的指示和要求。"西方债券市场多级托管是历史演变形成的,中国债券市场一级托管是最现代的托管安排,机制和技术上是很先进的,我们没有必要倒回去走老路;同时金融基础设施服务也要适应债市开放和多层次债券市场发展的需要。""确保国债不出风险,要坚持目前行之有效的一级托管模式,坚持实行政府债券中央登记、穿透管理账户体系,切实保护政府债券投资者合法权益。""在充分肯定一级托管分层结算模式的同时,在债券市场开放大背景下,金融基础设施要发挥专业智慧,提出专业方案,兼容一级托管和多级托管模式,更好地服务对接国际投资者。"在当前国际形势复杂多变的环境下,越发凸显国家金融基础设施坚持中央确权、穿透监管的制度安排对国家金融安全的重要意义。

学史增信。一代人对中国债券市场的大胆探索和精心设计，使其至今仍有旺盛的生命力。中央结算公司守正创新，提出并实施"中债方案"，本着诚信、专业、厚道的原则，聚焦市场发展中的难点和痛点问题，坚持走有中国特色、中国自信的债券市场中央登记托管发展之路，坚持专业机构专业定位，做到对国家负责、对历史负责。

三

回首来时路，中央结算公司始终牢记初心使命，敬畏党和人民，敬畏金融基础设施国家事业，以永不言败、不断超越的奋斗身姿直面风险挑战，克服一切艰难险阻，用刀刃向内的自我革命精神强化党建引领、净化组织肌理，用专业专注立足中国债券市场，深耕金融基础设施领域，提供"中债方案"、贡献中债智慧，用协同信任构建金融基础设施服务生态，打造中债服务集团军和生力军，全力保障债券市场稳健运行和宏观政策顺畅实施。

第一，开启了中国债券无纸化时代。中央结算公司成立后即在国内率先推出债券无纸化中央登记托管体制，并对遗留的实物券实行"非移动化"集中保管，结束了中国有纸债券分散托管的历史，维护了国家信用和金融稳定。这一体制为中国债券市场的快速健康发展奠定了坚实基础。

第二，创建了支持报价驱动交易的债券托管结算模式。在合理吸收国际成果的基础上，结合中国国情，中央结算公司构建了适合场外特点、机构参与的一级托管、全额实时、分层结算的批发市场服务模式，设置了操作风险防控机制，在有效维护债券托管结算秩序的同时，提供了提高市场开放度的必要条件。

第三，开创了债券全生命周期服务体系。中央结算公司在国内率先建成债券远程招标发行服务系统并大规模应用，改变了非市场化发行的落后低效状态，推动中国债券市场进入新的阶段。中央结算公司创造性地为中国债券市场提供包括发行、登记托管、交易结算、付息兑付、估值、担保品管理、信息披露等在内的全生命周期服务，居国际同业领先水平，实现了中国债券市场基础设施的现代化。

第四，建立了国内首个券款对付（DVP）结算机制。中央结算公司系统与大额支付系统实现联网运行，推动实现了DVP成为主流结算方式。建成使用央行货币的全额实时DVP结算机制，根除了债券交易中的结算本金风险，同时通过债券自动质押融资机制为支付系统的稳定高效运行提供有力保障。这是中国金融基础设施达到国际先进水平的主要标志之一。

第五，率先编制发布了人民币债券收益率曲线。中央结算公司编制发布了全球第一条人民币国债收益率曲线。后续自主构建了包括各信用等级债券收益率曲线、估值、指数、隐含评级等一整套反映人民币债券市场价格及风险状况的中债价格指标体系。3个月期国债收益率被国际货币基金组织纳入特别提款权（SDR）利率篮子，有效配合了人民币国际化进程。中央结算公司在全球首创由中央托管机构提供第三方估值的范例，在国内开辟了金融资产第三方估值市场，有力支持资管净值化转型和市场透明度建设。

第六，打造集中专业的担保品管理系统。中央结算公司依托债券中央登记托管结算体系，精心打造了债券担保品管理系统，实现重点金融领域服务全覆盖。支持货币政策工具实施、国库现金管理和支付系统质押融资，成为宏观政策传导利器与抓手；以担保品应用为纽带，与期货市场、黄金市场等连通合作，深化互联枢纽作用；创新三方担保品管理服务，为市场提供标准化的风险管理工具；积极推动人民币债券担保品跨境应用，深度服务金融开放和人民币国际化。目前，中央结算公司担保品管理余额超18万亿元，持续成为全球最大的债券担保品管理平台，日益成为金融市场的创新引擎和风险管理阀门。

第七，勇当债券市场对外开放的排头兵。中央结算公司支持泛亚债券指数基金投资银行间债券市场和亚洲开发银行发行境内人民币债券，这是我国债券市场开放的起点。参与设计并支持境外央行、港澳人民币清算行、跨境贸易人民币结算境外参加银行等三类机构入市，并扩展到境外各类金融机构及其发行的投资产品，公司采用"全球通"模式为境外机构直接在中央结算公司开立债券账户，通过"中央确权＋结算代理"方式提供安全高效、简洁透明的服务。公司与境外十余个同业签署合作备忘录，近年来，持续探索基于中国一级账户模式的债市跨境互联升级版本。公司以"全球通"、香港"债券通"、澳门MOX等模式全面支持中国债市开放，成为中国债券市场对外开放的主门户。

第八，中央结算公司是积极践行互联互通的一面旗帜。作为金融基础设施体系的重要环节，中央结算公司积极与交易前台、结算后台、支付系统、银证保机构等连通对接，促进债券要素跨市场流动，着力打造行业生态，充分发挥枢纽作用。公司与中国外汇交易中心、上海证券交易所互联，实现债券市场前后台直通处理；与大额支付系统互联，实现债券DVP结算；与中国证券登记结算公司互联，支持政府债券和企业债券跨市场交易；与上海清算所互联，实现中期借贷便利等跨品种的担保品管理；与中国金融期货交易所、商品期货交易所互联，实现现货市场与衍生品市场联动；与商业银行柜台互联，实现债券场外大宗市场与零售市场连接；与香港债务工具中央结算系统（CMU）互联，实现中国在岸市场与离岸市场连接；与跨境人民币支付系统（CIPS）互联，实现香港债券通DVP结算机制。在债市互联互通中，开辟由中央结算公司直接连接交易前台、更高效更安全的市场互联互通模式，为中央托管机构对接多个交易前台、厘清金融基础设施职能分工、实现托管功能整合提供有力探索与实践。

学史崇德。在一个个首创的探索中，中央结算公司在保障中国债券市场稳健发展和宏观政策顺畅实施的赶考答卷上书写了铿锵有力的答案，在党领导下的中国金融发展光辉历史上留下了一方印记。奋斗路上，中债人逐渐形成了"敬畏事业、敢于斗争、专业专注、协同信任"的新时期中债精神。中债人以理想信念浇灌事业之花，以实干笃行照亮前进方向，唱响了新时代金融基础设施建设的奋斗者之歌。

四

"回顾历史是为了总结历史经验、把握历史规律，增强开拓前进的勇气和力量。"中央结算公司要赓续金融基础设施红色血脉，坚定为党为民的理想信念，锤炼专业品质和优良作风，展现担当作为。

第一，积极践行习近平新时代中国特色社会主义思想，政治上落实强担当。中央结算公司上下要进一步坚定"四个自信"、服务"国之大者"，不断提高政治判断力、政治领悟力、政治执行力，切实把信仰信念信心转化为推动中央结算公司高质量发展的实际行动。要大力弘扬光荣传统，锤炼实干担当的坚强党性，增强永不言败的斗争本领，进一步突出中央结算公司鲜明政治属性，锻造忠诚干净担当的中债铁军。要深入把握以史为鉴、开创未来的要求，结合金融基础设施实际抓好贯彻落实，不断推进国家金融基础设施事业。要坚持人民立场，切实提高金融基础设施服务能力水平，服务好管理部门和市场成员；贯彻落实重大决策部署，持续推进中央结算公司新的五年战略规划落地实施，在融会贯通中筑牢党性根基，在知行合一中提高素质本领，在追赶超越中彰显中债力量。

第二，持续加强信息系统建设，夯实金融基础设施硬实力。信息系统是金融基础设施运营发展的生命线。2020年以来，中央结算公司新一代系统成功上线，京沪两个高标准数据中心正式投产，统一运维体系建设取得重要成果，完成数据中心主备切换，参加国家"护网行动"

并取得优异成绩。现阶段，IT板块总体上已实现从"建设态"到"生产态"的过渡，"融合改造和迁移"如期完成，两个"两地三中心"架构体系全面确立，服务客户的一站式外联网建设顺利收官，外部系统托管有序开展，信创改造稳步取得预期目标。公司集中资源，持续发力，不断提升与其系统重要性相匹配的金融基础设施建设水平。

第三，深入推进"中债方案"落地实施，为中国金融市场做出中债新贡献。中央结算公司守正创新，大胆求变，持续探索并落地以"中央确权，穿透监管，多级服务，合作共赢"为主要内容的"中债方案"。中央确权是指落实国家债市顶层设计，履行管理部门赋予的中央登记托管职责。穿透监管是指在登记结算环节为持有和交易提供底层穿透，服务透明监管。多级服务是指除中央确权领域外，将登记与托管适当分离，更多让商业机构提供中介业务，分层服务，便利投资者。合作共赢是指中央结算公司作为中央登记存管机构与托管行协同服务，发挥托管行的积极性，惠及投资者，形成债券市场金融基础设施的生态。"中债方案"是一把钥匙，是多年来中央结算公司恪守国家事业初心使命、落实管理部门顶层设计、吸取经验教训、总结历史规律的智慧结晶，也是新形势下中央结算公司坚持专业机构定位、发扬中债精神、服务债券市场发展和宏观政策实施的创新举措。"中债方案"的持续实施，将成为中央结算公司业务发展新的重要里程碑。

第四，深度参与澳门债券市场建设，服务落实国家战略。在财政部指导下，中央结算公司为财政部2019年在澳门首发人民币国债提供了技术、业务等支持，进而澳门方面希望中央结算公司深度参与澳门债券市场基础设施建设。中央结算公司在有关部门指导下，应邀积极参与澳门债券市场中央登记托管机构建设的专业咨询工作，相关咨询报告建议得到充分肯定。专业咨询工作顺利完成后，中央结算公司积极支持分步实施澳门CSD建设方案。该项目得到了国家管理部门的高度关注，中央结算公司积极推动实施落地，提供运营支持和保障，有效回应了中央部门及澳门社会的高度关切。

第五，积极参与"双碳"相关工作，助力绿色发展。中央结算公司是最早发起绿色债券年报和绿色债券专题论坛的机构，也是最早编制国际气候债券指数和国内绿色债券指数的机构。近年来，公司积极参与绿色金融标准体系建设，结合自己所长，推动建立全球首个绿色债券环境效益指标体系及其数据库，受到各方关注。公司还配合碳排放权市场建设工作，合作完成相关研究课题，从基础设施角度提供咨询建议。全国碳排放权交易市场正式启动后，全球最大的碳市场有望形成，公司参与编制的首批全国碳排放配额系列指数也成功发布，这是公司贯彻新发展理念、助力"双碳"工作的又一重要举措。"碳达峰、碳中和"是习近平总书记代表中国向全世界做出的庄严承诺，绿色金融服务领域将成为公司展现专业积淀、发挥国家金融基础设施重要作用的新蓝海、新战场。

学史力行。作为中央金融企业和国家重要金融基础设施，我们将牢记党和人民赋予中央结算公司的使命重托，站在"两个一百年"历史交汇点，乘势而上，接续奋斗，以饱满的工作激情和昂扬的精神风貌，走好金融基础设施新时代长征路。让我们从百年党史中汲取强大信仰力量，从公司历程中收获务实精神启迪，始终保持创业姿态，始终保持家国情怀，在保障债券市场稳健运行和宏观政策顺畅实施上闯出新路子，在推动公司高质量发展中展现新作为，奋力谱写金融基础设施国家事业的中债新篇章！

2022 年 6 月

目 录

第一章　中央结算公司成立背景（1993—1996年）/ 1
　　第一节　中央结算公司成立前的市场环境 / 3
　　第二节　债券市场登记托管体制亟待变革 / 9
　　第三节　中央结算公司正式成立 / 26

第二章　中央结算公司业务起步与建设（1997—2002年）/ 33
　　第一节　全国国债托管系统正式建立和运营 / 35
　　第二节　中央债券综合业务系统建成 / 39
　　第三节　重要业务相继落地生根 / 42

第三章　中央结算公司夯实业务基础（2003—2008年）/ 53
　　第一节　业务系统作用凸显 / 55
　　第二节　业务制度体系化建设现成效 / 62
　　第三节　创新业务机制 / 66

第四章　中央结算公司业务稳健发展（2009—2015年）/ 79
　　第一节　中央登记托管体系护航金融市场 / 81
　　第二节　增值业务赋能债券市场 / 89
　　第三节　信息技术系统建设与治理深入推进 / 98
　　第四节　国际交流合作再上新台阶 / 104

第五章　中央结算公司业务跨越式发展（2016—2020 年）/ 111
  第一节　聚焦主业　服务国家战略大局 / 113
  第二节　专业深耕　拓广"中债"品牌影响力 / 123
  第三节　守正出新　拓展金融基础设施职能维度 / 137
  第四节　强基固本　金融基础设施现代化建设不断夯实 / 145
  第五节　继承创新　酝酿形成"中债方案" / 154
  第六节　兼容并蓄　全面支持债券市场对外开放 / 157

第六章　中央结算公司的未来（2021 年至今）/ 167
  第一节　未来已来　"十四五"顺利起航 / 169
  第二节　踔厉奋发　新征程再谱新篇 / 186

参考文献 / 209

附录　中央结算公司 1996—2021 年大事记 / 212

第一章

中央结算公司成立背景

(1993—1996 年)

第一章　中央结算公司成立背景（1993—1996年）

第一节　中央结算公司成立前的市场环境

一、大国债市在春风中催发生长，由兴到乱

1978年，党的十一届三中全会召开，重新确立了解放思想、实事求是的思想路线，确立了以经济建设为中心的政治路线，开启了中国改革开放历史新时期，开辟了大国债券市场的发展之路。

党的十一届三中全会拓宽了人们的思路，使得集中社会财力，搞社会主义现代化建设成为可能，也激发了举国上下建设的热潮，使得"筹资搞建设"成为必要。从此，通过发行债券，适当集中社会财力进行经济建设，成为主流认识。与此同时，国家对经济建设的投入增大，同时实行减税让利，财政收入下降，1979年、1980年连续出现财政赤字。1981年1月，国务院常务会议通过《中华人民共和国国库券条例》，决定通过恢复发行国库券来弥补预算赤字。由此，我国正式恢复了国债发行。

紧随其后，1982年金融债券、企业债券相继出现，从1981年到1996年，是我国债券市场的萌芽阶段。在此期间，国债发行规模持续扩大，从最初的40多亿元增长到2000多亿元；债券品种有所增加，企业债券、金融债券等登上了历史舞台；发行方式趋于市场化，由刚开始的行政摊派，向柜台销售、承购包销、招标等方式转变；二级流通市场开始建立，前期以地方性债券交易中心、柜台市场为主，后期交易所市场成为流通的主要渠道。

新生事物往往具有强大的生命力，但又因缺乏必要的约束条件而

"野蛮生长"。1981年至1996年的中国债券市场也是如此。这一时期诞生了许多传奇，也由于当时债券市场建设经验不足、存在机制缺陷等，种种金融乱象集中爆发、屡禁不绝。

其一是虚假托管、挪用猖獗。彼时我国的债券登记托管分散、各自为政，证券交易中心、证券公司等大量金融机构网点都能够提供托管业务，为投资者存放的实物券提供保管单。交易商拿着一张国债代保管单，便可到交易场所自己的托管部进行债券登记，由此导致市场上出现了大量虚假国债保管单、保管券。债券发行人和监管部门无法准确掌握市场总貌，出现了大量兑付危机，国家信用被严重冒用。同时，很多证券公司的自有债券与客户的债券混同，在利益的驱使下，证券公司擅自动用客户委托管理的国债进行回购交易套取资金，损害投资者权益。国债市场因托管不集中、交易不规范、风险管理失效，发生了国债期货风波以及数额达上千亿元的国债回购债务链难以清偿等系统性风险；也发生了借假代保管单超冒发行国债，即发行分销时即交付投资人空头代保管单，假国家信用为自己融资，到期可能无力兑付或破产、被裁撤。

其二是债券质押、回购业务严重变味。虽然当时规定国债回购交易需要有100%的债券做质押，但事实上各交易所和交易中心普遍采取了比例回购交易方式，交易者只要有一定数量的债券，就能使融资额放大数倍。大部分机构的质押券价值严重不足，据统计，所谓的"铺底券"平均只占融资金额的30%左右，低的只有5%左右。大量被套取的资金被用于房地产、股票等投机活动，一方面，投机资金短期内很难收回，甚至变成了无法收回的坏账，证券交易中心回购未清偿额的逾期比例高达四成；另一方面，资金流入房地产、股票等领域被用于投机活动，导致金融风险跨市场传染，不仅破坏了债券市场健康发展的基础，更严重危及金融体系安全和社会稳定。

其三是市场人为分割、前后台混同。当时的债券交易机构往往身兼交易、登记、托管等数项职能，存在争取托管市场份额的内在激励，市场上出现了恶性竞争。同时，各托管机构互不承认其他机构托管的债券份额，一定程度上导致了人为的市场分割，投资者面临较高的交易成本。

与此同时，货币调控方式也在酝酿重大转变。1995年前后，《中国人民银行法》正在谋划制定，我国的货币调控也逐步由直接调控向间接调控过渡，以适应市场经济体制的要求。间接调控最常用的工具是公开市场操作，要完成这一转变迫切需要依托"一个市场+一个系统"作为基础。"一个市场"是指建设一个稳健、兼具深度和广度的债券市场。因为债券市场是所有金融市场中政府参与度最高的市场，也是财政政策和货币政策协调的结合点，但当时国债市场相对分散。"一个系统"是指具备支持公开市场操作的技术系统。

二、中央结算公司前身：中国证券交易系统有限公司

中央国债登记结算有限责任公司成立于1996年春，是新中国设立的第一家金融基础设施机构，与新中国债券市场相伴相生，共同成长。事实上，早在中央结算公司正式成立前，中国证券交易系统有限公司（以下简称中证交）及其开发运作管理的全国电子证券交易系统（以下简称NET系统）就已经积极投身并服务于中国债券市场改革发展。

（一）推动成立中证交

1990年，为了搞活证券市场、资金市场，及时为市场参与者提供准确信息，中国人民银行开展了提高金融市场信息传递效率和透明度的相关探索，建立了全国金融市场报价交易信息系统。1992年，党的十四大提出了进一步加快改革开放步伐，建立社会主义市场经济体制的战略目标。为进一步推进形成全国统一的证券市场，中国人民银行决定加快建设覆盖全国的电子证券交易系统，并为此进行了大量调查研究。自

1960年开始，发达国家和一些新兴国家已先后建立形成了全国统一的证券市场。中国人民银行在广泛调研并总结国外经验的基础上提出，我国不应重复西方国家证券市场从分散到集中的发展过程，而应在证券市场发展的初始阶段即建立统一的全国证券市场。

与此同时，为适应证券市场快速发展的需要，中国人民银行决定采用卫星通信网络实现计算机联网，为证券交易提供更为强大的全功能服务。1991年到1992年初，亚洲开发银行对该系统提供了技术援助，参与专家认为，中国已具备建立一个高水平的交易系统的客观条件，利用卫星通信系统建立一个能连通全国的市场化电子证券交易系统是可行的。

考虑到当时的现实情况，中国人民银行决定分两个阶段开发完善交易系统。第一阶段用较短时间建立一个覆盖部分省市的交易系统；第二阶段用一年多时间建立一个覆盖全国的系统。待第二阶段完成后，这一系统将具备证券交易、清算、交割、托管及行情发布等功能，并具备以下特点：一是证券交易在计算机交易系统内完成，不需要集中的交易场所，是一个无形的市场；二是以卫星通信网络支持该系统，系统具有运行速度快、效率高、覆盖面广的特点；三是以计算机为手段，自动撮合成交；四是证券交割实现无券化，使交割安全、迅速、低风险、低成本。

为落实党的十四大关于政企分开、机构精简的要求，计划将新系统建成独立实体并与国家机关脱钩，这也有助于更好地满足社会主义市场经济建设的需要。从国外情况看，许多国家的证券交易所及证券交易系统都实行公司制或会员制，其具有以下三方面好处：一是便于自律性管理，有利于提高工作效率；二是开发交易系统需要投入大量资金，采用公司形式便于吸纳资金，加快建设步伐；三是交易系统的运作和管理技术性高、专业性强，需要大量证券、金融、电子、财会和法律等方面的专业人员，由于行政编制的限制，事业单位形式无法满足用人需求，而公司形式则比较适宜。

1992年10月29日，当时的中国人民银行行领导主持召开各大银行及保险公司负责人会议，讨论设立中国证券交易系统有限公司，会议一致同意由全国十大金融机构投资共同组建。1993年2月10日，经国务院批准，由中国人民银行、工商银行、农业银行、中国银行、建设银行、交通银行、中国人民保险公司，以及华夏、国泰、南方三大证券公司共同出资，正式组建中证交。中证交是全国性的证券交易中介机构，注册资本为3.5亿元，行政上挂靠在中国人民银行，业务上接受国家证券主管部门领导、管理和监督。中证交负责对全国电子证券交易系统（NET系统）进行统一开发、操作和管理，提供证券集中交易网络系统和设施，为证券交易提供报价、清算、交割服务，提供有价证券的托管服务，以及证券市场的投资咨询及信息服务等。

经过近一年的开发设计，由中证交运作和管理的NET系统经国务院同意，于1993年4月28日投入试运行，其包括交易系统、清算交割系统和证券商业务系统三个子系统。NET系统以当时非常先进的卫星通信网络为支持，运行速度快、效率高、覆盖面广，支持证券交易通过计算机交易系统自动撮合成交，并依托无纸化的清算交割系统实现了证券交割的安全、迅速、低风险、低成本。NET系统荣获1993年中国人民银行评选的金融科技进步奖唯一的一等奖。人民银行金融科技司在获奖通知中注明，NET系统的主要完成单位是中国人民银行清算总中心及中证交的前身——报价系统中心。

到1994年初，NET系统已覆盖了全国20多个省市，连通了50多家券商，并已有7只法人股及部分国债在系统内流通，可以说已初步建成一个全国性的安全、可靠、高效的场外证券交易所。

（二）中证交面临转型压力

NET系统是一个"利用电子计算机网络系统为证券市场提供证券报价、交易、清算、交割、托管等服务的非银行金融机构"，当时的主要业务是开展法人股交易,并且和当时由证券交易所研究设计联合办公室开发运行的全国证券交易自动报价系统(STAQ系统)支持的子市场共同构成了法人股市场。那时国家正处于股改初期浪潮之巅,法人股的发行量很大,交易量也远超过个人股,但却缺乏交易场所。NET系统和STAQ系统支持的两个子市场可谓应运而生。然而,NET系统建立不久,法人股市场即面临整顿。

1993年12月14日,国务院证券委员会发布《关于法人股流通试点有关问题的通知》(证委发〔1993〕58号),规定"在国家有关法人股流通转让试点办法颁布之前,暂不扩大法人股流通转让试点"。紧随其后,12月15日,证监会发布《关于立即停止华远等六只法人股在中证交流通转让的紧急通知》(证监交字〔1993〕125号),指出"鉴于目前法人股管理办法尚不完善,还存在较多问题,暂不允许新的法人股上市",并要求中证交停止北京华远等6只新上市的法人股在系统内的流通转让。同月《公司法》通过,翘首期盼的法人股内容没有写入其中。法律层面的概念缺失,似乎预示了法人股市场未来的困境。

自此,中证交陷入前途的迷茫期。1994年初,中证交内部的请示材料汇报了未来业务拟发展的几个方向:一是利用NET系统作为国债交易的一个市场,中央银行的一部分公开市场业务可在系统里操作,便于政府宏观调控。二是将集中在上海证券交易所和深圳证券交易所的个人股上市份额分流一部分到NET系统流通,以减轻两家交易所的压力。三是积极促进法人股上市流通法规的出台,继续完善法人股流通试点。四是利用NET系统的优越条件建立全国统一的证券清算交割系统,规范清算秩序,降低交易成本,提高市场效率,减少重复建设,减轻投资人的负担。

也许没人能够料到,彼时中证交的业务构想会与中国债券市场的未来息息相关。历史的车轮滚滚向前,时代将中证交推上了新中国金融发展史的历史舞台。

第一章 中央结算公司成立背景（1993—1996年）

第二节 债券市场登记托管体制亟待变革

一、政策性金融债实现无纸化发行

1994年我国正式设立三家政策性银行，政策性银行需要发债筹资，于是中证交主动请缨，建议采用无纸化发行方式，被中国人民银行欣然接受。因此，政策性金融债从一起步就以无纸化的簿记方式发行，不仅顺应了国际证券市场发展潮流，还具有防伪防窃、无须印刷搬运、低成本等优势。更值得一提的是，簿记发行有力地推动了债券的电子化、数字化发展，使得形成的海量信息能够通过强大的软件系统进行存储，这在某种意义上可以看作我国金融科技的雏形。

中证交设计开发出债券簿记系统，为政策性银行债券提供统一的债券登记托管服务，为各认购人开设托管账户，并代理还本付息业务，1994年托管规模超600亿元。这是中国债券市场发展史上的里程碑事件，标志着我国债券的统一登记托管悄然起步，使得我国债券基础设施建设事业具有起点高、发展快的后发优势，并为后续记账式债券的发行奠定了实践基础。

随后的1995年，在中国人民银行指导下，中证交为公开市场业务初步搭建了技术平台，首次采用远程招标支持发行中国人民银行融资券，融资券的登记、托管和交割统一在中证交进行，并顺利运用中国人民银行融资券开展公开市场业务。

二、研究探索实行中央登记托管

如前所述，当时中国金融市场乱象频发，各种风险事件屡禁不止。

针对这些问题，管理部门开始思考从根源上保障市场平稳运行、控制金融风险的办法，并探索从制度机制上建设高水平债券市场、适应金融和国民经济持续发展的路径。

因此，1995年开始，中国人民银行做了大量调研，并专门研究国际经验和国际标准。早在1989年，国际金融和货币事务咨询小组（G30）针对证券结算体系发布了第一份国际标准《世界证券市场结算体制》，得到各国的普遍认同和积极响应。这份国际标准包括9条建议，其中的一条核心要求是"各国均应实现中央托管"，这是有效减少金融风险、改进市场效率的重要条件。事实上，我国国债市场混乱的根源之一是分散的登记保管体系，各机构的债券持有及变动、资金流向情况均无从知晓。为响应G30建议，解决当时我国金融市场的上述问题，建立中央登记托管机构，实现债券集中托管和统一结算，成为市场发展的内在要求和必然选择。

与此同时，随着金融改革和发展的深入，各方面已经逐渐认识到，在实现金融改革核心目标——提高金融资源优化配置效率方面，安全高效的金融基础设施所发挥的支持和保障作用不可或缺，该行业的发展与建设因而也进入决策层的视野。建立我国债市的中央托管机构的必要性越来越强。

三、设计建设政府债券簿记系统

（一）启动世界银行技术援助项目

1995年，世界银行在中国开展"政府债券簿记系统"（以下简称簿记系统）的技术援助项目，8月中国人民银行行领导批示同意中证交负责组织签订簿记系统咨询合同，项目由英国PA公司具体承担。经与世界银行项目办公室、中证交等有关部门协商，决定抽调有关司局人员，组成临时工作机构。项目决策委员会主席为中国人民银行副行长，主任为中国人民银行国库司司长，成员包括财政部国债司和中国人民银行资金司、会计司、科技司、清算总中心各一名司（局）长，以及中证交负责人一名，并邀请证监会派员参加。

工作机构设项目管理组，对决策委员会负责，协调各有关方面的关系，并负责监督 PA 公司项目工作进程。正所谓"大任勇担，大道远行"，中证交既是项目办公地点，同时也全程深度参与。

中证交副总经理任组长，人民银行国库司国债处处长任副组长，人民银行国库司综合处处长、人民银行国际司世行处副处长及财政部国债司二处处长、中证交总工程师任组员，设四个对应工作小组（包括业务组、调研统计组、法规与标准代码组、计算机通信组），配合 PA 公司开展工作。上海证券交易所、深圳证券交易所、武汉证券交易中心及两家证券公司各选派一名主管业务或技术的专家组成国内顾问团。世界银行、国际货币基金组织（IMF）以及两家外国中央银行各派一名专家组成国际顾问团。

1995 年 9 月 22 日，人民银行国库司司长代表中国人民银行与 PA 公司签订咨询服务合同。财政部、中国人民银行、中证交在认真研究国际经验和我国实际情况的基础上，经与 PA 专家多次讨论，明确了簿记系统的目标和范围，提出了九条总体需求：一是实现流通中国债的集中监管，有效控制买空卖空；二是为实现国债全国范围无纸化发行提供支持；三是为货币市场和资本市场的国债交易提供服务，并实现二者的分离；四是维护广大国债投资人的合法权益，为其提供安全、准确、方便、及时的规范化服务；五是方便国债在国内不同市场间开展交易，有利于形成全国统一的国债市场价格；六是为国债管理部门提供国债市场准确、及时的信息统计服务；七是实现国债清算交割的高效率、低成本、低风险；八是与国际债券市场衔接；九是规范化的融券服务。

上述要求正中簿记系统设计面临的两方面现实问题：一方面，当时我国国债市场虽有所发展，但尚存在发行机制不够健全、市场分割、运作效率不高、结算风险较大、政府监控手段不得力等问题；另一方面，全国货币市场和中央银行公开市场业务已经或即将启动，迫切需要相应技术支持。上述九条总体需求正是在这一背景下提出的。不难发现，簿记系统在孕育之时即被赋予市场风险"抵御者"和市场发展"助力者"的双重角色，其重要的基础性地位得到明确。

1995年9月25日，财政部、中国人民银行、中证交与PA公司就簿记系统的账户体系和参与者作用进行会谈，并深入探讨如何实现无纸化发行、阻止债券透支行为、分开自营与代理账户等问题。基于当时中国证券市场较分散的市场格局和分业管理体制，项目管理组与PA共同制定出了与之相适应的簿记系统账户结构。仅仅两天后，中国人民银行、中证交与PA公司对非正常情况处理展开专门讨论，就投资人违规行为、系统错误和市场管理问题交换了意见，PA公司得以对当时我国的市场情况、可操作性有了更深了解，簿记系统设计构想得到进一步完善。

在短短两周时间里，中外双方围绕项目前期面临的问题，进行了大量调研讨论。这不但彰显了簿记系统对中国债券市场的开创性意义，更体现出市场发展对簿记系统的迫切需要。在此期间，项目管理组与PA公司积极沟通交流，明确和完善簿记系统设计方案，在总体观念上达成共识，为下一步工作奠定了坚实基础。

（二）紧锣密鼓勾画项目轮廓

1995年10月，随着簿记系统项目深入开展，调查和咨询工作进入实质性阶段。中外专家就簿记系统服务范围、功能定位、托管模式、未来发展等问题进行了坦诚、深入的沟通，对如何治理市场乱象、维护市场秩序、推动市场平稳健康发展，有了更加成熟、深刻的认识。在此期间，PA顾问来到中证交深入了解中国国债市场建设，参与系统设计，同时双方就系统核心功能做了进一步讨论和阐述。

1995年10月11日，财政部、中国人民银行、中证交与PA公司就我国国债相关法规中的重大问题交换了意见。中国人民银行介绍了《中国人民银行法》《商业银行法》《票据法》中有关国债的规定以及中央银行、商业银行、国债一级自营商在我国国债市场中的地位、职能和作用。财政部与会人员认为，在当时国债法律制度还不健全的情况下，应以财政部将颁发的国债托管、结算两个管理暂行办法为系统设计依据，希望PA公司根据国际经验提出有益建议。

会议再次阐述了资本市场和货币市场的关系。考虑到法律尚未对其进行严格区分，与会各方认为，国债簿记系统将是二者统一的桥梁。这些探讨对于正确预测簿记系统容量，准确估计资本市场和货币市场参与者数量十分重要。

会议进一步明确了拟设中央登记机构与地方登记机构的关系、簿记系统与支付系统的关系。针对前者，会议强调法律应赋予中央登记机构应有的权力和地位，分散的托管机构应归于集中管理。针对后者，会议认为簿记系统只有作为支付系统密不可分的一部分，才能真正实现债券交易的DVP交收。

此外，项目计算机通信小组还就簿记系统的技术实现与项目通信同PA公司专家进行了专门讨论。PA专家在了解沪、深、NET系统技术现状、通信能力、设备状况的同时，参观了沙河NET系统中心，认为既有技术条件可为簿记系统的政策法规和业务需求提供技术保证。此外，簿记系统与各地证交所、登记机构联网的可行性论证也得到积极推进。

1995年10月注定是簿记系统建设的关键一月。其间进行的密集讨论，不仅推动中外双方加深了解，进一步巩固工作基础，更明确了"簿记系统应为国债期货交易提供支持和服务""应是资本市场和货币市场统一的桥梁""应为日后扩容提供便利"，以及"分散托管机构应归于集中管理"等一系列重要问题。这无疑对起草中期报告发挥了积极作用，也对项目深入开展乃至我国中央登记托管体系的形成起到了重要推动作用，助力中国债券市场踏上新的征程。

(三) 完成构想报告，项目渐入佳境

为确认项目前期工作内容，使簿记系统项目调查和构想报告更具可行性，适应我国债券市场情况和发展，加快债券市场规范化进程，1995年10月20日，PA公司向项目管理组递交了《政府债券簿记系统调查和构想中期报告》(以下简称《中期报告》)。这是簿记系统项目取得的首个系统性成果，也是第一个全面的市场分析和构想草案。它勾画了新簿记系统的各个方面，以及簿记系统建立和运作的业务环境。报告具有很强的针对性和前瞻性，不但着力把握市场发展必不可少的实质内容，而且给设计中的簿记系统留下了充分的扩展能力，以适应未来市场变化。《中期报告》建议簿记系统分三步实施：1997年初开展货币市场业务，资本市场运作于1998年中进行，1999年初完成全部构想。报告进一步对我国货币市场、资本市场、期货市场的未来发展进行了预测，并就发行短期国债、长期国债的优先权以及国债持有人的数量做了论述。

同时，针对货币市场债券交易的资金交割问题，报告依据当时我国政策规章，建议财政部和中国人民银行在以下三种支付方式中进行选择：其一，由簿记系统控制所有参与者的债券交易资金，参与者在簿记系统开户；每天由簿记系统根据清算结果，直接于参与者在簿记系统中开立的账户中做借记和贷记的账务处理。其二，簿记系统不控制参与者资金，但授予每个参与者一个净额资金限额；当每日营业终了时，簿记系统有权直接于参与者在人民银行开立的资金账户上做借记或贷记的账务处理。其三，1997年以后，采用全国支付系统完成资金交割。

针对支付系统与簿记系统的衔接问题，报告建议利用支付系统作为实时交割的手段：簿记系统无任何风险可言，而中央银行又能对所有参与者进行交割头寸监管。同时指出，簿记系统要完全依赖支付系统，并随之要求新型支付手段的产生，即允许簿记系统直接借记参与者账户。报告还就债券持有人间接通过其结算会员在簿记系统中的账户控制持有

债券的问题提出了设想。

随后的同年 11 月,项目管理组、中国人民银行、财政部、中证交、PA 公司等多方就报告开展了一系列内部讨论,为当时中国债券市场亟待厘清的若干重要问题提供了方向:"簿记系统将作为我国债券市场、票据市场的统一托管中心,掌握债券和可流通票据的托管权""应着眼日后债券市场的统一,中央公司作为全国统一后台""系统的首要任务是为货币市场提供完整的簿记功能服务设计方案""跨市场转托管由簿记系统完成""必须实现簿记系统与支付系统之间业务、技术配合的高度统一,保证全额结算,并完成当日资金交割的任务"……这些经过监管部门和中外专家深入探讨形成的重要共识,富有针对性和前瞻性,不仅明确了集中统一托管的必要性,更强调了中央登记托管机构的权威性,同时也为日后采用全额结算、券款对付的安全高效结算方式奠定了基础。

随后,经过一个月的分析论证和讨论修改,PA 公司在《中期报告》基础上修改完善形成了《政府债券簿记系统项目调查与构想报告》(以下简称《调查和构想报告》),并正式提交项目管理组。这标志着簿记系统项目第一阶段设计工作的结束。它进一步明确了簿记系统的后台属性,为未来的系统开发建设指明了基本方向。

(四)国际考察汲取经验

结合我国国情,学习借鉴国际先进经验,是簿记系统建设的重要原则。为全方位了解国际金融市场簿记系统运作形式,确立我国簿记系统设计和建设基础,调整并论证设计思路,把握设计质量,确保后期建设可行性,1995 年 12 月,由中国人民银行、财政部、中证交组成的考察团赴澳大利亚、新西兰、马来西亚和我国香港,全面考察簿记系统的法律环境、业务运营、技术处理和发展方向等情况。

在澳大利亚,考察团访问了中央银行、清算公司、澳大利亚西太平洋银行和澳新银行，参观了澳大利亚储备银行RITS系统和清算中心Fintracs3系统。在新西兰，考察团访问了中央银行和新西兰西太平洋银行。在马来西亚，考察团访问了中央银行、股票交易所和Bumiputra银行，参观了中央银行簿记系统SPEEDS。在我国香港，考察团访问了香港金融管理局，参观了香港债务工具中央结算系统CMU。本次考察所经均属英联邦或与英国渊源很深的国家和地区，它们在簿记系统法律环境、登记托管和结算体制、组织结构、基本情况、与支付系统的关系、系统技术等方面，既有相同之处，同时又各具特色。

此次国际考察，既让考察团深刻认识到了建设簿记系统的紧迫性，也使其更加坚定了集中统一托管的必要性。考察团带回了宝贵的先进经验，对我国政府债券簿记系统和债务工具的发行、交易、托管、清算、支付方面的问题提供了"英式"解决方案，其对我国系统设计和建设者们最重要的启发可概况为三点：第一，集中统一化的登记托管和结算体制是实现金融市场高效、安全和低成本的根基。这些国家和地区虽统一的程度有所不同，但都以实现完全的集中统一为发展愿景。第二，电子化的簿记系统对降低发行人筹资成本、活跃债务工具市场和帮助货币政策实施发挥着积极作用。这些国家和地区的簿记系统均具备招标发行、登记托管、结算过户和付息还本功能，全面支持国内债券工具在一级市场和二级市场的运作，同时已经实现或正在计划实现与国际债务工具市场的衔接。第三，严密的安全管理和风险防范离不开法律、协议、信用评级和技术措施等综合保障。在账户设置上，自营和代理分设；在交割结算方面，均努力缩短交割期和鼓励客户使用DVP服务，四个国家和地区都在努力改善和建设实时全额支付系统，同时也在采用先进的技术手段，以尽可能将系统冒用风险降至最低。

在此基础上，项目管理组积极思考如何更好地利用先进经验来指导我国实践，并提出了五点建议，涵盖政策保障、系统功能构想、未来市场建设三个方面。

政策保障方面，提出尽快在国家层面建立健全我国的政府债券结算和托管体制。必须坚持一条原则，即所有发行的国债都应在国债簿记系统集中托管，未托管的不能交易。这是理顺国债发行渠道、规范市场参与者的行为、控制卖空现象的前提条件，有助于财政部加强对国债市场的管理，有利于人民银行运用公开市场业务高效调控金融市场。

系统功能构想方面，应把簿记系统建设上升到国家级金融市场的基础设施建设层面，列入"九五"计划。这一重要系统除了满足实物和非实物的政府债券的招标、发行、托管、结算、付息和兑付等基本功能外，还应能够适应各种货币的结算，以满足未来我国债券市场对外开放的内在需要，同时建议在设计支付系统和簿记系统的时候，应统筹考虑两系统的业务和技术接口，加强两系统的联系。建议财政部和人民银行采取有力措施加强领导，加快簿记系统建设步伐，确保系统早日投产使用。

未来市场建设方面，明确要建设活跃、健康的国债二级市场。这将为财政部低成本筹资和人民银行宏观调控创造有利条件。

四、珠海会议凝心聚力

（一）就簿记系统业务范围达成一致

1996年1月的珠海，微风和煦，碧波荡漾，一场重要会议如约而至。1月8日至10日，中国人民银行国库司组织召开《调查和构想报告》国际评审会，包括项目决策委员会成员、项目管理组成员、PA专家、国际国内顾问专家和其他代表在内的50人齐聚珠江之畔。

与会人员以十分认真的态度参加评审，充分发表意见，自始至终围绕实质性问题开展讨论，气氛十分热烈。参会的中国人民银行副行长对会议给予高度评价，认为国际专家按国际标准毫无保留地提出了许多中肯的意见和建议，而国内专家都是我国国债市场的直接参与者，他们的意见反映了中国国债市场的现状和今后的发展脉搏。"所以两方面有机结合形成的建议，既能体现国际上的成功经验，又能反映中国的现实情况。"

在这次会议上，各位专家一致认为，系统设计既不能脱离实际，又不能迁就现状，应充分考虑未来的发展方向，应从中国的实际情况出发，借鉴国际上的成功经验。系统建设应按需求的紧迫程度分阶段实施，并且每一阶段都要有成果。基于监管的要求，应实行集中托管和结算的模式，以有效地防止卖空现象。应将风险管理放在系统建设的首要位置，逐步实现券款对付。簿记系统应当作为人民银行支付系统的一个子系统。

进一步地，与会专家还就簿记系统的服务范围进行了统筹谋划，并基本确定为以下三个方面。

一是服务宏观政策实施。国债市场既与货币政策有关，又和财政政策有关，还是证券市场的重要组成部分，因此国债市场建设和管理涉及中国人民银行、财政部和证监会三大主管部门，簿记系统的建设必须更具全局性。国际专家指出，簿记系统应是一个宏大的系统，其将对中国金融业发展产生重大影响。同时，中国人民银行行领导在会上明确提出，簿记系统要为1996年4月1日实施的公开市场操作提供准确及时的信息系统支持保障，并在评审会闭幕致辞中，对托管系统设计问题做了明确指示，表示设计托管体制的首要考虑是监管，国债是公开市场操作的主要工具，这对系统安全性提出了很高要求。"我们希望根据中国的国情……把集中性的托管模式建立起来。"这堪称对中国证券市场中央托管模式的"一锤定音"。

二是按照"先场外后场内"的建设顺序服务证券市场。会上多位国内外专家提出，从国际经验看，相比于场外市场，场内市场规模很小。应明确场外市场的概念界定，在此基础上确定系统开发优先顺序，先为场外交易开发托管结算系统，再扩展系统功能，为场内交易提供服务。此外，在设计簿记系统时，应统筹考虑现货市场和期货市场。

三是积极服务以商业银行为主的市场主体。国际经验表明，同业借贷市场、政府债券发行市场、政府债券交易市场、中央银行公开市场操作市场的主要参与者都是商业银行，但《调查和构想报告》在商业银行分析和表述方面明显欠缺。国内外专家普遍认为，应在簿记系统设计中充分考虑商业银行未来在政府债券市场中的作用。

（二）明确系统建设的基本原则

与此同时，经过热烈讨论和坦诚沟通，国内外专家明确了簿记系统设计和建设必须遵循的八项基本原则。

一是强化结算安全高效。在结算机构方面，国内外专家普遍认为，根据风险控制要求，应有一个统一的政府债券结算系统服务不同市场，托管系统和结算系统应是一个完整的体系，政府债券场外交易必须通过集中托管机构进行结算。当时我国货币市场刚刚起步，建立一个新的结算体制势在必行。在结算方式方面，与会专家一致认为，为防范结算风险，采用券款对付（DVP）的交割办法更为合适，应将实时交割视为理想目标。

二是加快完善基础设施。在法律地位方面，与会专家普遍认为这是一个至关重要的问题，应明确中央清算和登记公司[①]（CCRC）的基本职能、业务范围、监管部门等。对于CCRC的重要性，国际专家一语中的："CCRC的设计，应该从整个中国国债市场的全局角度出发。""要么，CCRC将有助于提高中国金融市场在国际上的竞争力；要么，走进死胡同。""需要构想一个CCRC最终成为中国的中央结算机构。"中国人民银行参会行领导明确指出："我们越来越认识到这些基础设施的完善是市场进一步发展和完善的基础，也是宏观经济稳定的基础。""中央银行已经把市场基础设施建设作为一个十分关切的问题来抓。"在机

---

① 此为《调查和构想报告》中的表述。

构设置方面，与会专家对设立分中心或地方分支机构普遍持反对意见。这是因为，当时人民银行总行及其分支机构已有较为完备的信息网络，结算成员在人民银行总行或其分支机构开立资金结算账户，对系统运作效率没有影响，设立中央托管机构的分中心或地方分支机构可以在下一步考虑。

三是坚定支持一级托管。在托管体系方面，项目管理组主张采用一级模式，即簿记系统为一般投资人开立账户。但一些国际专家出于路径依赖等考虑提出采取二级托管体系——一级为中央托管机构，次一级为托管代理人。同时，IMF专家马鲁·门德茨指出托管体系的构建必须防范"子托管机构凭空'创造'政府债券"，建议"在允许金融机构开设国债子托管机构时采取谨慎态度""对国债托管进行充分规范"。针对这一问题，参会的中国人民银行行领导明确指出："设计托管体制时，首先应考虑监管。""我们希望根据中国的国情，针对上年国债市场出现的种种问题，把集中性的托管模式建立起来。集中的托管，有利于信息的集中。这一点很重要。"由此可见，支持高效穿透式监管的一级托管，是当之无愧的最优方案。在机构数量方面，国际专家提出，开户成员数量对于簿记系统的具体设计必不可少，《调查与构想报告》应弄清这一数量。对此，国内专家认为，作为簿记系统参与者，各商业银行虽然有众多分支机构，但只以总行作为一个法人参加，初期数量不会很多。

四是专注打造后台系统。在系统功能方面，国际专家提出，簿记系统的基本功能应包括及时有效的信息发布，如市场价格、交易量等。不同于场内市场，分散化的场外交易不适于在结算前收集市场价格信息，而更适于在结算时作为副产品获得。因此，应通过簿记系统结算交易收集相关市场统计信息。在系统结构方面，国际专家提出，簿记系统是否应包括交易系统。对此问题，与会专家普遍给出否定回答，簿记系统是托管结算系统，与交易系统没有任何关系。从国际场外市场经验看，前台分散化、后台一体化，托管结算系统应集中统一。

五是加速推进系统开发。在设计原则方面，与会专家一致认为，簿记系统的设计既要充分考虑中国现实情况（包括法律环境、市场特征等），又要充分借鉴国际成功经验；同时着眼未来，充分考虑市场体制发展方向，参照国际标准，为国债市场对外开放留好接口。在此基础上，设计打造安全、高效的政府债券簿记系统。

在时间安排方面，多数专家认为，簿记系统应在理想化和现实性之间、迫切性和长远性之间做权衡，加快簿记系统建设速度，使之满足我国国债市场发展完善的迫切需要。会上多位专家建议，应先简单后复杂，建立过渡性系统，随后循序渐进，不断完善方案设计。

在系统技术方面，当时我国恢复国债发行已有十余年，很多交易机构都有自己的登记、结算、托管系统，积累了许多经验教训。国内专家一致认为，在设计簿记系统时对已取得的经验做法应予以足够重视，充分利用既有软硬件资源，通过人民银行清算系统进行资金划拨，打造适合我国的簿记系统。

六是通盘考虑支付系统与簿记系统的关系。在系统区别方面，国际专家指出，支付系统不涉及任何政策问题，无论是计划经济还是市场经济，不管经济政策或货币政策如何，都需要支付系统。相反，簿记系统与政策问题密切相关。该系统服务于宏观政策，经济发展和政策法规将不断提出新要求。在系统结构方面，国际专家提出，簿记系统是否应成为我国中央清算系统，覆盖整个金融市场。对此，人民银行行领导明确指出，簿记系统在当时是作为支付系统的子系统，但不排除若干年后，在技术和政治经济环境允许时，可能发展成为国家集中清算系统。此外，与会专家一致认为，簿记系统与支付系统应通盘考虑，避免二者整合时出现问题。

七是大力推行簿记债券。国际经验表明，如果利用簿记形式发行政府债券，但又允许有纸和无纸政府债券同时存在，除了使业务更加复杂外,并无其他任何益处。因此,国际专家建议,我国新发行的债券一律采用簿记形式,同时尽可能将既有纸质政府债券转换为簿记形式。

八是全面强化风险管理。在托管结算风险方面,与会人员一致认同加强风险管理,国际专家建议,应明确划分风险层次,对投资者、交易机构、托管结算机构各自面临的风险,提出行之有效的防范措施。另外,国内专家提醒,应考虑包括交易机构相互竞争而招致的风险,这或许为中国特有的风险。在系统灾备方面,国际专家提出,应充分考虑系统的备份和遭到破坏后的恢复问题。

在此基础上,会议还建议明确:CCRC应是集中办理国债发行、托管、结算业务,为中国人民银行实施公开市场操作提供服务,防范国债卖空,不以营利为目的的中介机构。同时建议并请示:簿记系统应实现对国债现货市场和期货市场的集中托管结算,直接管理投资人债券账户,有效遏制卖空行为,统一国债市场,及时掌握市场信息。可以说,这为我国债券市场的"统一后台、一级托管"理论奠定了坚实的根基。不难看出,国家对中央结算公司的希冀就是为我国债券市场建成集中统一的登记托管结算体系。可以预见,中央结算公司将依托强大的簿记系统,积极践行在中国构建债券中央登记托管结算体系的光荣使命。

这场珠江之畔的重要会议为中国债券市场带来了生机与活力。会议的成功在于,具有丰富业务经验的一流国际专家和来自全国各方面的国内专家组成的强大阵容结合中国国情,借鉴国际经验,在会上"毫无保留"地发表了意见,与会各方畅所欲言,话题从簿记系统设计延伸至中央登记托管体系构建,在系统服务范围、结算方式、基础设施法律地位、托管体系设置、系统架构与开发、风险管理等方面达成阶段性共识,不仅有力推动了簿记系统建设,更为日后我国中央登记托管体制的形成奠定了坚实基础,可谓富有成效又意义深远。

在这样的共识下,项目第二阶段的工作共分两期进行:第一期对簿记系统《调查与构想报告》进行修改；第二期开展详细的设计工作，准备系统设计说明书（SOR）和招标书。与此同时，《调查与构想报告》也随着讨论和共识的不断深入而得以有的放矢地进一步完善，1996年2月9日，PA公司向项目管理组提交了《政府债券簿记系统项目调查与构想报告（第二版）》（以下简称《第二版构想报告》），这一版本充分吸收了国内外专家的意见，同时针对珠海会议上国际专家反复讨论的"簿记系统是否包括交易系统"问题，《第二版构想报告》给出了明确答案：簿记系统的基本定位是证券托管结算业务，为资本市场和货币市场提供后台支持，原则上不提供前台交易功能。报告还将特种国债纳入了系统业务范围，因此提出簿记系统应提供分券种保管、兑付、转账服务。

五、不平凡的1996年春天：从"构想"到"需求"

此后，项目管理组结合前期赴境外学习带回来的先进经验，结合珠海会议上各位领导、代表、国内外专家的中肯建议，在前期大量工作的基础上，于1996年3月22日撰写形成《中国政府债券簿记系统设计需求说明书》（以下简称《需求说明书》），这可被视为整个簿记系统项目设计的重要结论性成果。

从字面上就可以看出，前期的"构想"到此刻已经成为明确的"需求"。当梦想的种子被给予阳光雨露的滋养和心血的浇灌后，已迫不及待地破土而出，在春风中伸展它的臂膀，等待日后成长为甜美的果实。

与之前的两份"构想"报告相比，《需求说明书》从系统定位、账户结构与结算服务方式、支付体系和资金账户体系、最迫切的任务这几个方面进行了修改，明确了几个关键点。

系统定位方面，《需求说明书》提出，政府债券簿记系统的基本定位是证券托管结算业务，将为资本市场和货币市场提供后台支持，原则上不提供前台交易功能。这明确了金融市场前后台机构应当相分离，各司其职地服务市场，以实现对风险的有效隔离。

账户结构与结算服务方式方面，簿记系统的证券账户结构设计应确保其能做到"为投资人直接提供托管结算服务"。这不仅高度肯定了"一级托管＋结算代理"制度的先进性，更是在系统设计之时就为中国债市主体采用何种托管结算方式指明了正确道路。如沿着这条道路走下去，中国债券市场将具备安全高效、简洁透明的巨大优势，形成高质量发展的长效机制。

支付体系和资金账户体系方面，计划采用渐进方式实施。近期资金支付体系依托全国电子联行系统（EIS），并采用"Y"账户结构体系。远期则依托彼时建成的全国自动支付系统（即目前的"中国现代化支付系统"，CNAPS），并采用"V"账户结构和借记工具。

同时，《需求说明书》明确提出，簿记系统现阶段最迫切的任务是完成对货币市场的支持，要能够基本满足货币市场（场外市场）上的国债托管与结算需要，并为资本市场（场内市场）提供及时的跨市场转托管服务；并且计划将特种国债纳入系统业务支持范围，要为其提供分券种保管、兑付、转账等一系列服务。

进一步地，为了确保簿记系统能为市场主体提供更好的服务，较大程度地满足它们的现实需求，项目管理组还组织召开了两次用户需求座谈会，邀请由各大商业银行参加并研提意见。以工商银行、中国银行、农业银行为代表的商业银行积极建言，提出了五点关切。

一是货币市场参与者的证券账户体系及其相互联系。货币市场的参与者涵盖人民银行的发行机构、公开市场操作机构、一级自营商、交易所的托管机构、货币市场的清算成员等，它们的业务大多遍布全国，拥有大量的异地分支机构。基于此，参会代表建议簿记系统最好能为这些分支机构提供基于中央系统的业务子系统，并为总部设计出相应的监控和查询功能，例如，特殊的账户设计，提供分支机构明细账，分支机构的每笔交易均需经总部确认后方能办理等。

二是簿记系统在货币市场的资金账户体系设计细节。即"V"账户和"Y"账户的选择问题。具体而言，在前一种模式下，所有货币市场参与机构都需要将资金账户开立在人民银行，簿记系统和其他参与者的各账户之间是独立且平等的，由人民银行实施每一笔资金的划拨，簿记系统只进行纯券过户（FOP），这不利于实现系统建设和运行之初即反复强调的"防范市场卖空"，同时也较难保障高结算效率。在后一种模式下，由簿记系统在人民银行开立资金账户，其他所有货币市场参与者在簿记系统开立资金账户，好处是能够克服前述 FOP 的风险并大大提升结算效率，但缺点是簿记系统需要管理大量银行储备金，因此可能带来一定风险。经过研究，建议采用两种模式相结合的方式，赋予簿记系统相对更高的地位，即将所有参与货币市场投资的资金账户设立在人民银行（包括簿记系统资金账户），同时要求货币市场上的每笔交易都必须通过簿记系统在人民银行开立的资金账户，使簿记系统做到"见钱付券"逐笔交割，并且簿记系统资金账户始终保持"零余额"的支付方式，这一方式沿用至今。对于商业银行等与其分支机构同时参与货币市场交易的情况，为了加强市场监控，便于总部对其下属机构进行管理，建议在簿记系统内设立一类特殊的资金账户，作为分支机构、分行之间跨市场、跨行资金转账的中间账户。

此外，考虑到 CNAPS 建设后期将增设借记工具，建议在簿记系统设计之时就赋予其贷记和借记工具的功能。

三是加强货币市场和资本市场的联系，建议交易所及时将交易信息传输给簿记系统。资本市场的交易是由系统集中撮合而成的，其采取净额交割的结算方式，而货币市场则采用逐笔交割或券款对付的结算方式。从长远来看，两个市场的结算方式应当统一，因此要求交易所与簿记系统保持密切的合作关系，交易所应及时向簿记系统传送市场交易信息，簿记系统也应在逐笔核查交易内容的前提下，能够提供净额交割的结算方式，以便对资金需求迫切程度不同的金融机构采取不同的结算方式。

四是建议重视对簿记系统的业务量预测工作。考虑到中国货币市场的建设随着簿记系统的建立实施将有一个实质性的飞跃，并且簿记系统是使货币市场和资本市场实现统一的桥梁，因此，充分估计其现有的和潜在的市场业务运行量，并以此为依据最大限度地开发利用簿记系统就显得尤为重要，这将有助于避免重复性建设，或是因设计保守而导致重大失败。但由于当时尚无一套科学完整的测算方法，如果设计容量过大也有造成资源浪费的风险，所以最终决定将簿记系统设计为具备易扩展性能的系统，从而给未来留出充分的余地和发展空间。

五是建议簿记系统能够提供回购、抵押功能以及系统行情报价功能，从而在回购期满时自动完成划拨。

两份"构想"报告和一份"需求书"凝聚了国内外专家的集体智慧，愈发清晰地勾画出中国债券市场金融基础设施的雏形。

随后的1996年注定在中国金融史上具有重要意义。只因在这短短一年内，成立了一家机构，召开了一次会议，由此推动中国债券市场阔步进入稳健而又快速发展的新时期，大国债市即将展露峥嵘。

第三节　中央结算公司正式成立

一、中证交成功转型

事实上，早在1995年7月，中国人民银行经商财政部，向国务院上报了《关于组建中央国债登记结算公司的请示》。为示慎重，国务院转请当时的国家体改委、财政部、国家工商总局和证监会研提意见，各部门均表示同意。同年9月，经时任国务院副总理朱镕基同志圈阅同意，中证交正式开始改组。

中证交持续参与簿记系统项目设计、论证、建设的全过程，改组思路愈发清晰、工作经验不断丰富。到1996年3月下旬，已完成了有关业务方案及规则的制定，扩大了债券结算系统的联网面，调整了内部机构设置。

二、杭州会议的热烈讨论和重要共识

1996年4月，在风景如画美如天堂的杭州，项目管理组联合国内外专家，共同召开了国债簿记系统项目第二次国际评审会。主管部门十分重视，人民银行行领导亲自坐镇，人民银行国库司司长主持首日的会议，财政部国债司司长参会。与会嘉宾阵容强大，世界银行、国际货币基金组织、纽联储和香港金融管理局的有关专家组成了国际顾问组，交易所和一级自营商中熟悉国债托管、清算业务及技术的人员参加。由于中央结算公司的成立不仅是中国债券史上的大事，也与国债簿记系统建设高度相关，与会专家十分关注。因此，杭州会议上，人民银行国库司领导介绍了公司的组建和业务进展情况。

此后两天半的会期则延续了簿记系统项目一直以来的高效率，中外专家对项目进行了严格的质量审查，从不同角度提出了许多有益的想法和极富价值的意见。国际顾问组成员自始至终对项目表现出极大的热情和关注，对项目在如此短时间内取得的成果表示惊讶和高度认可，并当场向人民银行行领导表示祝贺。

会议首日上午，财政部国债司司长就国债市场现状、历史和发展方向，以及簿记系统建设的必要性和整体战略等问题做了讲话。他首先分析了彼时我国国债市场发展不平衡的情况，指出国债市场具有"零售市场大于批发市场、场外市场不发达、欠发达的金融市场难以支撑国债市场蓬勃发展"三个特点。在此基础上，他明确要求，我国发展国债市场的总体目标，是要有一个高效率低成本的一级市场和一个高流动性的二级市场。为实现这一目标，要做好五方面工作：第一，努力建立国债批发市场并取代目前的零售市场，大力发展机构投资人、证券投资基金、国债投资基金；第二，进一步完善国债一级自营商制度，规范其权利义务，使其成为货币政策的公开市场操作的主要机构；第三，要逐渐实行法治化，减少风险，引进信用评级制度；第四，要努力创造条件，引进新的金融工具，按照风险从低到高的原则，循序渐进地建成国债派生市场；第五，进一步完善国债的招标发行方式，实现无纸化，并逐步形成一个柜台销售、承购包销与招标相结合的灵活的体制。与此同时，他明确了簿记系统在建设方面的四点原则：立足当下、分阶段实施、目标长远、与国际接轨。尤其值得称道的是，他明确指出要"进一步发展 OTC 市场"。

随后的时间里，与会的中外专家围绕簿记系统需求说明书的总体框架展开了热烈讨论，满腔热忱地投入、毫无保留地建言。其中达成的最重要共识是，簿记系统设计和建设必须将风险管理和防范放在首位。基于此，与会专家就以下三方面问题表达了深刻关切。

一是必须建立一个高度统一的债券簿记系统。这是对珠海会议上相关原则的重申。此次的与会专家深度论证了集中统一托管模式的正确性和重要性。国际顾问组对中国国债市场的发展前景十分看好，并反复强调指出，一个统一、规范、高效的国债簿记系统对于市场的健康发展将起到不可忽视的重要作用，这也是中国债券市场与国际市场接轨的必要条件。全美证券清算公司的专家表示，无论是场外市场还是场内市场，风险都来自金融中介，建立一个集中的系统是必要的。还有境外专家提出，至少在参与者数量上，中国国债市场将在 21 世纪发展成为世界上最大的债务市场,巨大的交易量要求有广阔的覆盖面,如从政策上考虑债券市场建设问题,既要满足人民银行宏观调控的需要,又要满足财政部对国债市场高流动性、低成本、高效率的要求,因此需要建立一个高度统一的簿记系统。从宏观角度考虑,中国是一个很大的市场,迫切需要一个中央簿记系统,并且从逻辑上讲这一簿记系统应是中央调控。国内市场机构代表表示,建立簿记系统的目的包括三点:改变彼时我国国债市场分散分割的现状;提高交易的效率,提高结算的速度和准确性;减少违规行为并防止系统风险。

二是二级托管账户蕴含较大的风险隐患,从长远看应该予以取消。更有专家直言不讳地指出"二级账户是风险最大的隐患",风险控制应同时从事前、事中、事后三个方面来管理。有专家指出,股票市场风险原本高于债券市场,"而在我国问题却出在国债市场上"。人民银行行领导表示,需要研究如何控制二级托管产生的风险,其应只作为当时条件下的过渡阶段,簿记系统在系统设计中要考虑集中托管,技术上应有办法实现中央托管与二级托管的账务核对。国内市场机构代表不仅赞同"应统一托管",同时提出二级账户模式存在的意义是连接场内市场和场外市场,其目的应是"实现国债市场的真正统一"。

三是债券市场应以场外市场为主,应将发展的重点放在OTC市场。境外专家指出,根据国际经验,国债市场应以场外市场为主,中国的金融市场发展与发达国家刚好相反,发达国家是从零售市场发展到批发市场再到期货市场,而中国则是从零售市场直接到期货市场,所以导致了国债期货风波。因此目前最迫切的是建设批发市场,即OTC市场。从交易成本角度考虑,彼时中国金融市场处于培育和发展阶段,利率较高,因此一定程度的高成本可以接受,随着金融市场的成熟,利率趋于平稳,就会要求交易成本接近于零。这样的低成本交易只有场外市场能够承受,也只能依赖于场外市场。国内专家表示,从当时的客观情况看,债券发行方式和交易方式的改变也为OTC市场的发展创造了条件。

一方面，券商会逐步从交易所转向场外交易；另一方面，随着指定交易的开展，投资人会从直接进入交易所进行交易转向通过券商交易，这有利于建立券商经纪人制度。国内市场机构代表也提出，希望改变当时债券市场的场内发行方式，并期待通过新的系统提高债券一级市场的效率。

会后，PA 公司专家决定根据会议决议于 1996 年 5 月 8 日前完成《需求说明书》的修改、定稿工作。至此，簿记系统项目的设计工作正式结束。

三、中央结算公司正式成立

经过不懈的努力，1996 年，中央结算公司正式成立。成立当天中国人民银行副行长和财政部副部长联袂出席，寄望深长。因为当时我国债券市场已不限于一两个品种，人民银行批复的公司业务范围包括"国债、金融债券和其他债券"；同时，还负责国债投资基金及其他基金等资产的托管、再托管和有关结算，与证券托管结算相关的国际业务；国债发行网络的技术开发与运行管理；公开市场操作的招标、投标信息服务及国债同业市场的中介信息服务、债券市场其他信息服务等。

作为全国性的国家金融基础设施机构，中央结算公司的设立从根本上改变了我国债券分散托管的状况，承担起我国债券市场中央登记托管机构的职能，是我国债券市场基础设施建设的一次重大飞跃，标志我国向着建立统一、安全、高效的债券登记托管体制迈出历史性的一步，中国债券市场进入了全新的发展阶段。

中央结算公司成立后，在人民银行、财政部等的领导和大力支持下，业务快速打开局面，成绩斐然。成立后不久，便支持人民银行首次进行公开市场业务操作；对 1996 年发行的 5 期国债进行总托管和跨市场的转托管，这些托管总量超 700 亿元；参与 1996 年 300 亿元三年期实物券的调运和分配等。国债托管结算业务的高效安全开展，用实践验证了中央托管结算基础设施对财政货币政策和金融市场的有效支持。到 1996 年底，中央结算公司托管的各类债券已达 3000 亿元，已然成为中国的债券中央托管机构，正一步一个脚印地建设发展成为国家重要金融基础设施。

第二章

中央结算公司业务起步与建设

（1997—2002年）

第二章 中央结算公司业务起步与建设（1997—2002年）

第一节 全国国债托管系统正式建立和运营

一、理论向实践转化的探索

在中外专家的共同努力下，在我国主管部门的通力配合下，从1995年9月到1996年5月，短短七个半月时间，国债簿记系统的研究论证工作就顺利完成，可以说相当高效且富有成效。

下一步面临的是怎样将项目的研究成果转化落地，尽快应用到实实在在的系统建设上去，并最终建立起中国的政府债券簿记系统，这是亟待研究和明确的问题。项目管理组和中外专家经过多轮讨论，一致同意，簿记系统建设采取"两步走"的方针。1996年7月的阶段性总结报告中明确写道，在系统建设和筹备期间，由中央结算公司根据既定的系统设计基本构想和需求，在原有债券结算系统的基础上，通过升级和扩展，先行建设一个过渡性簿记系统，以应急需。

这里有必要介绍一下原有的债券结算系统。事实上，自1994年下半年起，在中国人民银行的指导和当时中证交主要领导的全力支持下，中证交就债务工具的登记、托管与结算体系的业务模式和系统建设做了大量的研究和开发等前期工作，参照国际做法并结合我国当时的情况设计了业务模式和初期需求，据以开发了过渡性债券结算系统，并制定了相应业务规则。

支付机制建设方面，人民银行认为，考虑到全国自动支付系统开发周期较长，也建议分两步走：先使用全国电子联行系统办理资金的支付业务，待全国自动支付系统完成后，簿记系统与之对接，采用借记方式实现资金支付，支持政府债券簿记系统实现债券和资金的同步结算。

二、推进系统建设论证

由于国债市场分割情况亟待改善，加上人民银行即将开办的国债同业间交易存在迫切需求，以及未来我国债市与国际市场接轨的需要，财政部在给人民银行的项目执行报告中建议"已基本完成需求设计的国债簿记系统应尽快投入建设"。

可是簿记系统具有很强的专业性，而且应具有一定的超前性，开发工作比较复杂，如何尽快建成？当时提出了三种方案。

第一种是直接引进。即采用有限招标或询价方式直接引进国外的成功系统，对用户界面部分加以汉化，对部分功能模块根据国内特殊需求稍加修改，集成后直接投入应用。好处在于选择多，易于与国际惯例接轨，成熟系统的可靠性和稳定性较高，建设速度较快。缺点是系统建成后，还需按年向软件供应商支付一定的软件维护费，如果未来业务拓展变更，我们难以修改系统程序。

第二种是合作开发。即通过招标的方式，选择国际上有相关经验的计算机公司、集成商或软件商作为合作伙伴，国内组成专家工作组按照簿记系统的最终需求共同开发，资金投入量肯定低于直接引进。这种方式的好处是可以选择实力最强的合作伙伴，方便引进国际惯例，有利于培养自己的业务和技术队伍，能够取得全部或部分产权，相对于直接引进可以节省投资。缺点在于组织工作比较复杂，稍有不慎将会影响建设速度及质量，建设周期也比较长。

第三种是引进与开发相结合。即直接以香港金融管理局为合作对象，以其现有的CMU系统作为基础，与国内专家工作组共同进行修改和升级。这种方式除兼有前两种方式中的好处以外，还有不存在语言障碍、相互情况比较熟悉、易沟通、合作信任度和可靠性较高的优势。但缺点在于，由于选择对象和系统固定，可能会丧失获得更好支持的机会。

财政部有关专家倾向于采用第三种方式，并明确表示，无论采用何种方式，都建议仍基本保留原项目班子国内部分的结构设置，由财政部国库司牵头，以中央结算公司为主，人民银行相关司局及财政部其他相关部门派员组成专家工作组，发挥协同优势，保证系统的适用性和建设工作的协调。

与此同时，阶段性总结报告明确指出"根据国际成功经验，簿记系统应作为国家金融基础设施的一个重要组成部分"，这为券款对付的DVP模式提供了理论依据，因为这是实现"保证券款交割的安全、高效和资源的合理利用"的重要途径，从长远来看，应将簿记系统与支付系统中的大额实时转账系统有机衔接。

1994年至1996年，中央结算公司借助计算机平台完成了债券托管结算的原型系统，并通过不断优化，使这一系统能够提供最基本的债券结算、债券发行和公开市场功能。在此基础上，中央结算公司结合世界银行簿记系统建设项目全过程的参与经验，以及在实践一线持续不断地摸索、总结债券结算、发行和公开市场操作的业务框架和需求细节，已对系统开发需求有了较为成熟、全面的认识。

三、制度建设逐步完善

为了推动建成以商业银行等机构参与者为主体的场外市场，制度建设也需要快马加鞭。在财政部指导下，1995年中证交草拟了国债托管管理办法和国债结算管理办法两个法规性文件的中英文初稿，1996年财政部主持世界银行技术援助项目，对两个文件进行了国际咨询与论证。在此基础上，1997年4月18日，财政部正式发布《中华人民共和国国债托管管理暂行办法》（财国债字〔1997〕25号），明确了"国债托管实行全国集中、统一管理"的体制,授权中央结算公司依该办法按照不以营利为目的原则主持建立和运营全国国债托管系统,并实行自律性管理。

1997年6月9日,财政部发布了《实物国债集中托管业务(暂行)规则》,进一步明确中央结算公司根据财政部授权,负责全国国债的统一托管和结算服务,统一组织和协调全国实物国债托管业务,并对其实施日常监管。实物国债通过托管人送交中央结算公司指定的保管库入库保管,由中央结算公司指定的代理机构登记入账,并由中央结算公司对债权统一注册。6月13日,人民银行下发《关于开办银行间国债现券交易的通知》(银传〔1997〕44号),规定商业银行办理国债现券交易的债券托管与结算,统一通过中央结算公司进行,中央结算公司要制定相应规则,对买空和卖空债券的行为进行控制和监管。6月23日,财政部、人民银行联合发布《关于商业银行退出证券交易所后国债交易托管有关问题的通知》,重申各商业银行退出证券交易所后,对其持有的可上市国债一律在中央结算公司直接开立托管账户,由中央结算公司统一办理债权的过户和结算业务。

四、统一的国债托管结算系统建成

1997年6月,中国人民银行发布《关于各商业银行停止在证券交易所证券回购及现券交易的通知》,商业银行全部退出交易所市场,建立了专供商业银行进行债券交易的场外市场——全国银行间债券市场。至此,债券市场的重心从场内转移向场外,中央结算公司为银行间债券市场提供金融基础设施服务。

为推动落实《中华人民共和国国债托管管理暂行办法》(财国债字〔1997〕25号),1997年8月,中央结算公司和中国外汇交易中心共同承担"国债交易和结算系统的研究与开发"项目,并作为"九五"国家重点科技项目（部门专项）立项。项目的总体目标是研究和开发货币市场债券交易系统和政府债券簿记系统应用软件，其中中央结算公司主要承担政府债券簿记系统开发建设，中国外汇交易中心作为交易前台，主要负责债券交易系统项目。

成功立项后，中央结算公司结合前期的理论和实践经验形成了业务需求书。1998年11月，中国人民银行支付科技司组织召开了系统方案设计可行性论证会，中国科学院、中国人民银行清算总中心、中国工商银行、中国银行、北京大学等单位的专家参与评审，对设计方案予以充分肯定并提出了意见建议，中央结算公司据此进一步完善方案。

经过两年的不懈努力，中央结算公司先后完成了中央债券簿记系统的需求分析、技术方案设计、概要设计、详细设计、技术环境准备、编码、测试、工程实施、模拟运行和旧系统数据迁移工作，终于在1999年8月完成了项目开发全过程。1999年8月30日，簿记系统正式投入运行。

第二节 中央债券综合业务系统建成

一、债券发行和公开市场业务交易子系统建成

1998年，中国人民银行在原型系统基础上，进一步提出了建设债券发行系统和公开市场业务交易系统的需求。中央结算公司积极响应、加班加点工作，积极推进上述两系统的需求分析、技术方案设计、概要设计、详细设计、技术难点攻关、编码工作。在此期间，为确保项目质量，中央结算公司根据软件工程理论组织具有实力和经验的独立软件测

试商，对全部应用软件进行了系统、全面的功能测试和性能测试，并完成了关键模块的白箱测试及模拟运行。终于在1999年8月30日成功上线中国人民银行债券发行系统和公开市场业务交易系统。同月，中国人民银行发布《中国人民银行关于中央债券簿记系统等三系统试运行的通知》（银发〔1999〕292号），正式将中央债券簿记系统、中国人民银行公开市场业务交易系统和中国人民银行债券发行系统统称为"中央债券综合业务系统"。

系统上线后迅速发挥作用并成功经受住了实践检验。上线次日，人民银行即利用公开市场业务交易系统成功进行了公开市场操作；紧接着的9月1日和3日，国家开发银行和财政部分别通过债券发行系统成功完成了"99国开债06"和"1999（记账式）国债第六期"的债券发行。

二、系统建设和功能逐步完善

在推动我国债券市场和金融市场改革发展建设的征程上，中央结算公司从未停止过努力。在原有三个子系统的基础上，中央结算公司进一步扩展打造了债券账户语音查询系统、结算成员客户端系统两个子系统，自此，由五个应用子系统组成的中央债券综合业务系统正式形成，该系统以中央债券簿记系统为核心，为其他子系统提供技术支撑环境，采用星形网络结构和事务处理中心的设计思想，在逻辑结构上分为用户层、业务层和数据层三个层次，将业务处理响应时间控制在5秒以内，日终业务批处理时间控制在30分钟以内，具备先进性、高效性和可靠性，主要功能可概括为以下四个方面。

一是为银行间债券市场提供全方位的登记、托管、结算服务。中央债券综合业务系统建立了科学合理的债券账户体系，保持账务记录的及时性、准确性和账户之间相互关系的正确性，并以此为基础提供各品种

第二章 中央结算公司业务起步与建设（1997—2002 年）

债券的集中登记、托管、付息兑付等功能；能够满足债券交易和公开市场操作的各类结算方式（包括 FOP、DVP、见券付款、见款付券）下的债券结算服务需求（转托管、现券买卖、回购、质押、回购/质押展期）；能够定期向中国人民银行和财政部报告债券托管、结算的有关情况；及时为客户提供债券托管、结算、本息兑付和账务查询对账服务。

二是为中国人民银行公开市场操作提供有效手段和工具。中央债券综合业务系统能够完成公开市场操作招投标、中标和发布中标结果等业务处理，提供业务相关的辅助结算服务，为业务操作提供各类统计信息。

三是为财政部、政策性银行等发行人提供债券的发行、付息和兑付服务。中央债券综合业务系统支持国债、政策性金融债、中国人民银行融资券及其他债券的市场化招投标、中标和发布中标结果等业务处理；为发行人和债券承销人提供各类发行统计信息。

四是提升市场运行效率，有效降低市场风险。中央债券综合业务系统支持"同一交易界面进行多种业务和品种交易"的操作方式，使得相关市场参与者能够降低工作量，提高工作效率，并有助于制定规范化的业务流程，促进业务流程严谨、规范、有章可循，大大降低了操作风险。同时，作为中国金融市场重要基础设施，中央债券综合业务系统在当时就前瞻性地实现了主机的双机热备份和异地灾难恢复中心。

中央债券综合业务系统的建成和运营具有重要意义，标志着中国银行间债券市场具备了能够提供集中登记、托管、结算服务的全国性债券结算系统，运行一年多，便已开立托管账户近 700 个，实现系统联网运行的结算成员达 260 家，覆盖了国有商业银行、股份制商业银行、城市商业银行、外资银行、农村信用合作社、保险公司、证券公司及基金管理公司等各类金融机构，托管债券总规模近 1.7 万亿元。中央结算公司作为中国金融市场重要基础设施的服务能力和支持能力迈上了更高的台阶，中国债券市场进入现代化、高水平的发展阶段。

第三节　重要业务相继落地生根

一、探索编制国债收益率曲线

（一）国债收益率曲线诞生背景

要追溯国债收益率曲线的诞生，需先简要回顾一下国债发展史。1997年以前的国债市场几经探索，先后经历了实物券柜台买卖阶段和交易所交易阶段，由于旧有的市场框架无法满足国债的发展要求和风险管理要求，国债市场秩序一度陷入混乱。1997年，经国务院批准，国债市场进行了重大变革，商业银行退出交易所市场，同年6月16日银行间市场设立开通，国债进入了国际实践证明更为合理的报价驱动市场。现在来看，这一举措为日后国债市场的健康高速发展奠定了基础。之后的亚洲金融危机使中国经济面临重压，积极财政政策的实施推动了国债规模的大幅增长，而变革后的国债市场也经受住了考验，成功支持了积极财政政策的有效实施。

与此同时，金融改革也在有序推进。专业银行改组成为商业银行，向着市场化方向转变，政府提出了"要把银行办成真正的银行""落实微观主体的资产负债管理和'三性'管理"的要求。中央银行的货币政策调控方式也开始从直接调控向间接调控转型。国际经验告诉我们，一些无财政赤字的国家和地区也持续发行政府债或政府担保债，其目的就是要为本地和本币金融市场建立基准。伴随着我国财政和金融改革的深入，国债的功能作用也在不断丰富。从最初的弥补财政赤字、筹集建设资金到促进债券市场发展和优化金融资产结构，在利率市场化改革过程中，国债最重要的金融功能——金融市场基准的作用必将日益显现。在国债市场发展和金融领域的市场化改革相叠加的背景下，市场对国债价格信号的需求开始浮出水面。

（二）1999 年中债国债收益率曲线开始与国债市场共成长

彼时，中央结算公司意识到，作为财政部授权的国债总托管人和中国人民银行指定的全国银行间债券市场托管结算机构，其天然具有地位中立、数据翔实丰富、与市场联系紧密及高专注度与专业性等从事国债收益率曲线编制工作的必要条件和相对优势。同时，对于拥有和积累的资源，理应深入发掘加以综合利用，为市场排忧解难，这是中央结算公司责无旁贷的义务。

基于对债券市场基本规律的理解和自身优势资源的认识，克服重重困难，1999 年中央结算公司在研究成熟债券市场收益率曲线的构建经验基础上，与境外机构合作，推出了第一条人民币国债到期收益率曲线。

（三）日渐成熟的中债收益率曲线

债券市场迅速发展，由中央结算公司提供技术支持的国债无纸化远程招标发行机制建立后，大幅提高了国债发行效率。财政部和中国人民银行协同相关各方共同努力，推动我国国债市场取得了长足进步，实现了包括统一承销团、关键期限国债定期滚动发行、中央托管结算、做市商制度等一系列国际上成熟的市场机制安排。与 20 世纪 90 年代末相比，国债年度发行量和流动性有了明显提高。

随着债券发行品种的增加以及投资者对估值定价精确性要求的提高，债券收益率曲线也不断向精细化方向发展。除了到期收益率曲线外，中央结算公司不断丰富曲线类型，增加了即期收益率曲线、远期利率曲线种类，以适应不同的观察和分析需要；同时不断丰富曲线期限，逐渐形成从隔夜到 50 年的短、中、长期丰富完整的期限结构。

二、债券结算代理业务开通并平稳运行

（一）酝酿推出债券结算代理规则

为促进银行间债券市场深入发展，适应机构投资人的不同需要，规范银行间市场成员办理债券结算代理业务的行为，中央结算公司在中国人民银行指导下，开始了对债券结算代理业务的探索。第一，中国在2000年以后已进入了债券无纸化时代，有纸的无记名债券不再发行，债券所有权只能体现为开立在中央结算公司记名账户中的记载，不能开户即意味着投资债券的权利被剥夺了；第二，从提高市场流动性的需要讲，也要引入不同类型的市场主体来降低同质性；第三，按照参与债券市场交易的能力与规模，需要对主体分出不同的层次，否则会增加不必要的市场成本和风险；第四，金融机构与其客户之间在需求上有互补性，金融机构可将其债券专业能力用于进一步增加服务项目，以稳定客户，而客户一方直接投资债券缺乏专业资源，需要得到相关操作支持与帮助；第五，国外有类似做法。

2000年1月，中央结算公司向人民银行货币政策司送审《银行间债券市场债券结算代理业务规则》。该规则对债券结算代理业务的基本概念予以明确：经中国人民银行批准有资格对机构投资人开办债券结算代理业务的金融机构为债券结算业务的代理人；委托代理人代为办理债券结算业务的机构投资人为债券结算业务的委托人。

（二）2000年债券结算代理业务正式推出

为完善全国银行间债券市场债券交易，2000年4月30日中国人民银行发布了《全国银行间债券市场债券交易管理办法》，规定在中国境内具有法人资格的非银行金融机构和非金融机构可以成为全国银行间债券市场参与者，从事债券交易业务。同年10月，人民银行又下发了《关于开办债券结算代理业务有关问题的通知》，对债券结算代理业务

及债券结算代理人的条件等进行了明确。根据规定，金融机构可以直接进行债券交易和结算，也可以委托结算代理人进行债券交易和结算；非金融机构今后进行债券交易和结算时也应委托结算代理人办理。债券结算代理人可以为代理客户提供的服务包括：以委托人名义为委托人在中央结算公司办理债券托管账户开户、销户等手续；根据委托人的指令，为其办理有关结算手续；在债券利息支付和本金兑付中，为委托人办理相关事宜。中央结算公司与结算代理人的客户直接对账。

该通知对金融机构法人开办债券结算代理业务进行了严格的界定，申请成为结算代理人的金融机构法人应具备以下条件并须经中国人民银行总行批准：申请前两年在全国银行间债券市场的债券交易量和承销量均居前列；内控机制健全，并具有合格的从事结算代理业务的专职人员；具备良好的债券结算和资金清算能力；申请前两年在银行间债券市场无违规、违约行为；人民银行要求的其他条件。

在开办结算代理业务前，结算代理人应与委托人按照有关法律、规章签订代理协议，未签订代理协议的不得为委托人提供代理服务。结算代理人在签订代理协议前，应要求委托人提供身份及授权情况，确保其真实性和合法性。结算代理人和委托人应在平等、自愿、协商一致的基础上签订代理协议，在全国范围内自主选择代理客户或结算代理人，自行承担风险。委托人只能选择一家结算代理人为其办理债券结算业务。委托人可以更换结算代理人。

结算代理人应为委托人在中央结算公司以委托人的名义开立债券托管账户，代理委托人使用该账户进行债券托管和债券结算。结算代理人不得以开展结算代理业务名义办理债券二级托管业务，不得在自营托管账户为委托人托管债券，不得挪用委托人的债券。

交易与结算方面，非金融机构法人进入全国银行间债券市场只能与其结算代理人进行债券交易；金融机构法人可直接与其他市场参与者进行交易，也可逐笔委托其结算代理人与其他市场参与者进行交易。结算代理人应本着公平的原则为委托人提供市场报价并进行交易，不得强买强卖，不得与委托人串通进行虚假交易。交易达成后，结算代理人应按照委托人的委托指令代其办理债券结算。结算代理人应为委托人保守商业秘密，不得占压委托人的资金，不得与委托人串通进行违规操作。

结算代理人应按季度向中国人民银行总行和中国人民银行当地分行、营业管理部报告有关结算代理业务的情况。中国人民银行各分行、营业管理部要积极支持和引导辖区内结算代理人业务的开展，加强对结算代理人业务的风险控制与监督，并及时向总行报告情况。

结算代理人应将与委托人签订的代理协议送中央结算公司和中国人民银行当地分行、营业管理部备案。中央结算公司应为委托人提供账户查询服务，加强对债券结算代理运作的日常监督，及时向中国人民银行报告结算代理业务情况。

违规处理方面，对金融机构违反该通知的下列行为，中国人民银行将视其情节轻重，给予警告、通报批评、暂停直至取消结算代理人资格的处罚：（1）未经中国人民银行批准即开展债券结算代理业务；（2）以开展结算代理业务名义开办债券二级托管业务，或在自营托管账户为委托人托管债券；（3）结算代理人未签订代理协议而提供结算代理服务，或未按委托人指令进行结算代理业务操作；（4）结算代理人擅自动用委托人债券；（5）结算代理人误导或欺诈委托人；（6）结算代理人与委托人串通进行虚假交易或违规操作；（7）中国人民银行认定的其他违规行为。

为了进一步扩大债券市场投资主体范围，提高债券市场流动性，中国人民银行于2002年10月颁发了《关于中国工商银行等39家商业银行开办债券结算代理业务有关问题的通知》，将债券结算代理业务的范围由金融机构扩展到非金融机构，即将银行间债券市场主体扩大到企业法人。

(三) 债券结算代理业务的意义

中国人民银行发布《关于开办债券结算代理业务有关问题的通知》后，中央结算公司围绕结算代理业务进行了大量的业务技术准备，从而为农村信用合作社等小金融机构和非金融机构法人参与银行间债券市场提供了便利的渠道。企业可以通过经中国人民银行总行批准的金融机构法人开立债券结算代理账户，直接进入银行间债券市场进行债券投资、资金融通。与银行存款、股市委托理财等传统的资金管理途径相比，这一新的资金管理途径具有投资风险低、收益相对较高、流动性强、选择面广、操作简单灵活等特点。同时结算代理也是商业银行一项有良好发展前景的中间业务。通过办理该项业务，商业银行拓宽了金融服务品种和地域范围，可以稳定和扩大自己的客户网络，与客户分享我国金融市场发展的成果，对提高我国商业银行的综合竞争能力也会起到重要的促进作用。

三、商业银行国债柜台系统建设与投入运营

(一) 国债柜台交易业务推出背景

国债柜台交易业务的推出，要从凭证式国债说起。2001年，我国面向社会公众发行国债主要采用凭证式方式，截至2001年初，该品种国债余额已达6000亿元。由于凭证式国债的流通性差，在存款利率上升时，购券人提前兑取，承办银行必须垫付大量资金，承担着巨大的支付风险；利率上升所形成的利差还会为承办银行带来巨大的利益损失，形成财务风险。如果改为通过商业银行的网点面向社会公众和机构发行记账式国债，不仅有利于建立严格的债券托管体制和控制债券卖空的风险，还能通过债券交易中的债券价格随行就市，化解承办银行的支付风险和财务风险。

为此，中国人民银行和财政部于2000年8月联合向国务院提交了

《关于通过商业银行柜台发售记账式国债的请示》，时任国务院总理朱镕基，副总理李岚清、温家宝于9月初圈阅批准。为有效执行国务院领导的批示，中国人民银行决定先期在工商银行、农业银行、中国银行、建设银行四大国有商业银行营业网点所在的部分城市进行试点，并争取在2001年上半年开始试运行。

（二）中央结算公司开展国债柜台交易业务的优势

国债柜台业务系统建设迫在眉睫，由谁担此重任？中央结算公司义不容辞。中央结算公司是经国务院批准成立的全国性的中央债券登记托管机构，于1996年12月在国家工商行政管理总局正式注册成立。当时公司的业务范围包括：国债、金融债券和其他债券的登记、托管、结算、代理还本付息；国债发行网络的技术开发与运行管理；公开市场操作的招标、投标信息服务及国债同业市场的中介信息服务，债券市场的其他信息服务；国债投资基金及其他基金等资产的托管、再托管和有关结算业务，与证券托管结算相关的国际业务；实物券存储保管及保管箱业务；国债业务的咨询、培训业务；办理外币有价证券的托管、再托管；代理客户进行外币有价证券的交易结算及相关的外币资金结算；经中国人民银行批准的其他业务。公司所开展的各项业务和提供的各种服务都是经中国人民银行和财政部授权和批准的。财政部于1997年4月10日发布了《中华人民共和国国债托管管理暂行办法》（财国债字〔1997〕25号文印发），授权中央结算公司建立和运营全国国债托管系统，负责对国债托管实行全国集中、统一管理。中国人民银行于2000年4月30日发布了《全国银行间债券市场债券交易管理办法》（中国人民银行令〔2002〕第2号），指定中央结算公司为办理债券登记、托管与结算的机构。这就确立了公司对于规范国债托管业务，促进国债市场规范化发展所具有的重要地位和作用。

中央结算公司在人民银行的指导下开发建设的中央债券簿记系统，实现了债券的统一登记、托管和结算，系统建立了完整、准确的债券托管账务管理体系，并为客户提供债券登记、债券转账过户、代理还本付息等各项托管服务，所有商业银行及其他金融机构所持有的债券都在系统中集中登记托管，银行间债券市场的债券交易全部通过该系统办理债券的结算交割。这一系统将为债券柜台交易的债券一级托管和结算提供有力的支持。

人民银行和财政部在决定开展债券柜台交易业务时，即考虑到了中央结算公司的债券集中统一托管结算机构的地位和已有的中央债券簿记系统这一基础设施，在确定由商业银行作为承办银行通过其营业网点为投资人提供柜台交易服务时，就已确定由中央结算公司负责建设债券柜台交易业务的中心处理系统，并通过该系统连接各承办银行的处理系统，对债券柜台交易业务进行总体的核查与监督，并为主管部门提供及时、准确的相关业务信息，保证债券柜台交易业务的顺利进行，防范可能出现的各种风险。

（三）债券柜台交易业务特色

债券柜台交易业务是指国债、政策性金融债及其他金融债以记账方式通过商业银行的营业网点面向社会公众、企业和其他机构发售、交易和兑付的业务。该业务的基本模式是：两级托管，联网运作；柜台发行，报价交易；事后稽核，双重查询。各承办银行为社会公众和机构投资人开设债券二级托管账户，各承办银行在中央结算公司除原有的自营债券托管账户外，还要开立代理总托管账户，汇总反映所辖网点全部投资人二级托管账户的债券总额。各承办银行的总行、分行与基层营业网点之间建立统一的或分级的计算机业务处理系统，将柜台交易业务数据汇总到总行；各承办银行总行的系统与中央结算公司的中心系统实现计算机网络连接，传输柜台交易业务数据。中央结算公司建立柜台交易业务数据接收处理中心系统,并建立面向社会公众和机构投资人的计算机复核查询系统,为投资人提供账务核查服务。商业银行通过柜台发售新发行债券,并于每个营业日对已上市流通债券报出买卖双边价格,投资人可在柜台方便地认购债券和进行债券买卖。

每日柜台交易营业终了,各承办银行汇总全辖的当日柜台交易业务数据,按规定的数据格式传至中央结算公司的柜台业务中心处理系统,中心处理系统对数据进行分类处理和核对,并生成以该代理总户为发令方的中央簿记系统的结算指令,中央簿记系统将该指令与该承办银行的债券自营部门发送的结算指令匹配,办理代理总户和自营账户之间的过户;将投资人的账户资料及分户余额及时传入对外的复核查询系统中供投资人查询;中心处理系统还对承办银行的柜台业务数据进行核对和钩稽。社会公众投资人既可通过承办银行查询自身账务,又可通过中央结算公司的复核查询系统进行查询核对。

债券柜台交易业务是一项全新的业务,主要具有以下特点:面向社会公众,由多家商业银行承办,网点遍布全国;数据传输量大,峰值与日常值之间会有很大的差别;数据传输及中心系统的处理要在规定时间内完成,以保证每日业务正常进行;相关业务数据要在规定时间内保存,以满足有关各方的查询要求;与各家承办银行系统及中央债券簿记系统关联紧密;业务量和数据处理量会随着承办银行数量、发行债券规模及投资人数量的增加而不断扩大。以上这些特点将会对债券柜台交易业务中心处理系统在数据传输、数据存储、数据处理能力以及可扩展性等各方面提出很高的要求。

(四) 2002 年商业银行国债柜台业务系统正式启用

2002 年 4 月 3 日,由中国人民银行和财政部共同制定的《商业银行柜台记账式国债交易管理办法》正式颁布实施,标志着商业银行国债柜台业务正式启动。同时中国人民银行宣布商业银行柜台交易系统经过多次模拟测试即将投入运行使用，此后我国商业银行将正式开办柜台记账式国债交易，投资人在银行柜台可以随时买卖国债。

《商业银行柜台记账式国债交易管理办法》规定，记账式国债是指由财政部指定、经中国人民银行批准可在商业银行柜台进行交易的记账式国债。商业银行柜台债券交易是指商业银行通过其营业网点与投资人进行债券买卖，并办理托管与结算的行为。投资人是指通过商业银行营业网点与商业银行买卖债券的个人和单位。金融机构不得通过商业银行营业网点买卖债券；柜台交易债券实行两级托管体制。中央结算公司为中国人民银行指定的债券一级托管人。承办银行为债券二级托管人。债券托管账户采用实名制。柜台交易实行债券和资金的实时交割结算。承办银行应及时为投资人办理资金清算和债券结算，并于交易结束后，按照规定向中央结算公司发送有关数据及结算指令。

中央结算公司应依据承办银行发送的有关数据及结算指令，在次日柜台交易业务发生前完成承办银行自营账户与代理总账户间的债券结算。中央结算公司应为承办银行开立债券自营账户和代理总账户，分账记载承办银行自有债券和其托管客户拥有的债券。中央结算公司对一级托管账务的真实性、准确性、完整性和安全性负责。中央结算公司应将承办银行提供的柜台交易报价行情等信息，及时通过中国债券信息网和中国人民银行指定的其他媒体向社会公布。经中国人民银行授权，中央结算公司可对承办银行的二级托管账务进行核查。

2002年，商业银行国债柜台交易业务中心处理系统投入运行，具有中国特色的两级托管体制初步形成，中央结算公司作为一级托管人发挥了重要的服务与监督功能。

四、中国债券信息网推出

（一）推出中国债券信息网，加强信息"透明度"建设

20世纪90年代末，我国债券市场有了长足发展，由中央结算公司

登记托管的国债、政策性金融债、特种金融债以及企业债总量已接近万亿元。在沪深交易所国债市场平稳发展的同时，银行间债券市场的交易规模及参与者数量也有了较快的扩张。然而，在过去的一段时间里，债市信息的集散和揭示，相对于股市明显滞后，市场参与者迫切需要一个专业的、权威的和便捷的债市传播媒介。

债券市场信息"透明度"建设愈加迫切，依托债券簿记系统，中央结算公司在成立后不久即开始开发和运作中国债券信息网，以加强信息"透明度"建设，为市场参与者提供尽可能充分的信息，降低市场信息不对称性从而降低交易成本。

（二）1998年中国债券信息网建成和启用

1998年，中央结算公司利用其全国债券托管中心的优势，建成和启用了中国债券信息网，填补了市场空白，使之成为主管部门指定的市场信息披露平台，促进了市场透明度的提高。根据1998年10月19日《互联网周刊》的报道，由中央结算公司注册，并与北京和讯信息科技有限公司联合开发的中国债券信息网，9月25日起在互联网上正式运行。这是首家专业债券信息网络平台。业内人士认为，中国债券信息网的运行，将有助于我国债券市场的健康发展。除向公众提供债券品种、发售信息、市场行情以及相关法规等公共信息外，中国债券信息网还将为入网会员提供业务资料以及电子商务和其他服务。

随后中国债券信息网逐渐成为财政部以及众多发行主体官方发行文件的主要发布渠道、银行间市场指定的信息披露媒体，其向社会公开提供了大量及时而翔实的交易结算信息。

第三章

中央结算公司夯实业务基础

（2003—2008年）

第三章 中央结算公司夯实业务基础（2003—2008年）

第一节 业务系统作用凸显

一、发行系统日渐成熟

（一）国债发行的业务服务功能不断完善

2003年，根据财政部的要求，中央结算公司改进完善了债券发行系统，支持财政部实现跨银行间债券市场和交易所国债市场的国债发行，促进了国债一级市场的统一。此后，通过商业银行国债柜台业务系统，配合财政部在2004年成功发行国内第一只电子记账凭证式国债，为我国今后采用电子记账方式向个人发行不可流通国债进行了有益尝试。到2005年，记账式国债全部实现跨市场发行。随后，国债发行制度建设不断取得突破，包括发行储蓄国债，修订完善国债招投标规则，计划推行国债预发行交易等，为适应国债发行制度建设的要求，发行系统也不断成熟。

一是配合储蓄国债发行。2006年7月，财政部向境内个人投资者发行储蓄国债（电子式），为配合这一市场创新产品的推出，中央结算公司以原有的记账式国债商业银行柜台业务系统为基础，组织进行了大规模功能改造，重新规划配置了系统中心端业务处理流程和对外数据接口，并协助业务试点银行建设或升级了对应业务处理系统。从两期已发行储蓄国债的业务运行情况看，中央结算公司能够较好地提供发行额度调剂、总账复核、账户查询、提前兑付处理等功能服务。

二是支持国债发行招投标。财政部公布《2006年和2007年记账式国债招投标规则》后，中央结算公司根据这一变化对国债发行系统进行了相应改造,将首场招标、当期追加招标和债权托管申请合并在一个招标书中实现,增加并调整了背离投标削减控制及复核发送等功能,较好地满足了新规则的要求和市场的需要。2007年,中央结算公司通过发行系统及公开市场交易系统等业务平台支持了1.55万亿元特别国债的发行,有效配合国家财政政策和货币政策的协调实施。

三是服务国债预发行。市场迫切需要通过预发行交易市场形成即将发行的国债收益率信息,这一信息能够比较真实地反映市场短期内对于远期利率和需求量的预期,为此财政部拟推行国债预发行业务。为配合这一市场创新举措的实施,2008年,公司协助财政部制订了切实可行的业务方案,并根据该方案抓紧进行了业务系统的开发、测试。随着国债预发行交易的推出,公司将能够为这一新业务的报价、买卖、结算和交收全部四个环节提供服务支持,也可以进一步丰富或完善净额结算、保证券管理、融券、融资、二级清算一线监督等服务功能。

(二)发行业务平台广泛覆盖银行间市场各债券品种

一是成功支持首只美元债券发行。2003年,国家开发银行在银行间债券市场发行了5亿元美元债券,这是国内市场上发行的第一只外币计价债券。为做好其发行支持及还本付息代办工作,公司明确了美元债券登记托管的业务流程,申请开立了美元资金清算账户,选定了美元资金清算(兑付)代理行。鉴于美元债券的计价币种、计价方式等与人民币债券有较大差异,对簿记系统也有相应的特殊要求,为稳妥起见,公司决定暂采用人工簿记的方式办理国家开发银行美元债券登记托管业务手续。在采用人工簿记的方式办理美元债券分销过户手续时,为确保业务安全,公司采用传真密押的方式作为控制风险的手段。经过努力,公司成功支持发行了首只美元债券,为支持发行其他外币债券积累了经验,同时也为开展外币债券交易结算业务做了铺垫。

二是支持资产支持证券发行。资产证券化是我国金融市场领域的一件大事,为配合资产证券化业务顺利推出,便利发行人和投资人的操作,公司在发行、托管、结算安排环节上积极配合推动资产证券化业务的开展。在2005年4月21日中国人民银行、中国银行业监督管理委员会联合发布的《信贷资产证券化试点管理办法》和2005年6月13日中国人民银行公布的《资产支持证券信息披露规则》基础上,根据业务分工,公司制定了《资产支持证券发行登记与托管结算业务操作规则》,经人民银行批准于2005年8月15日公布实施。同时,公司经过研究讨论,专门就资产支持证券起草了《资产支持证券登记托管及代理兑付协议书》,并于2005年12月15日与发行人签订。为配合资产支持证券业务推出并做好系统准备,公司根据需要进行债券综合业务系统的改造工作,于2005年4月21日做好了技术方案,并制订了相关的测试计划。为满足资产支持证券负利差招标需求,公司于2005年5月底完成了资产支持证券发行系统改造需求,并同时完成需求分析,进行债券发行系统改造。同时,为满足资产支持证券特有的本金值和按月兑付、付息等需求,又于2005年8月20日完成了簿记系统技术开发,保证了债券综合业务系统在2005年9月19日正式上线。2005年12月15日,酝酿已久的资产支持证券(开元、建元)成功发行。国家开发银行开元资产支持证券通过由中央结算公司运行和维护的人民银行发行系统招标发行,中国建设银行建元资产支持证券通过簿记建档方式发行,并于2005年12月20日完成在中央债券簿记系统的托管,发行、登记托管工作顺利完成。

三是成功支持银行间其他创新品种的发行。接下来的几年间,发行系统不断适应不同发行人的个性化要求,成功支持银行间市场多个创新品种的发行。2004年,公司协助中国银行在银行间债券市场成功发行国内第一只商业银行次级债,商业银行充实附属资本有了新的途径。2005年,支持国际金融公司和亚洲开发银行发行了人民币债券。2007

年，按照人民银行的要求，公司配合做好公司债券在银行间债券市场的发行、登记托管和交易流通有关工作，制定相关业务操作细则，"中国铁路建设债券"通过债券发行系统成功发行，成为首只在银行间债券市场采用招标方式发行的企业债券。2008年，发行系统首次支持短期融资券和中期票据成功招标发行，成为广泛涵盖银行间市场各债券品种的发行业务平台。

二、信息系统作用逐步增强

为适应市场对信息的需求迅速增长的形势，公司进一步加大了信息工作力度。2003年，公司将簿记中心生产系统和信息统计系统相互分离，为信息统计工作开展打下了基础，同时，通过中国债券信息网，积极向市场提供了大量的统计数据。此外，公司也对统计分析系统数据做了清理和完善，设计开发了应急统计分析系统，较大程度上满足了主管部门的数据需求。到2005年，公司基本建立了债券市场运行以来相关业务的基础数据库，完善了数据汇总、统计的流程和方法，在此基础上，公司进一步夯实信息服务工作，抓紧信息系统数据库的数据清洗和纠错，基础数据和统计数据的完整性、准确性得到了较大提高。这也使后期能加快推进智能统计报表系统的设计开发进程，2006年，公司完成了智能统计报表系统的开发和上线，新版"信息产品专用下载通道"系统试运行。

新版"信息产品专用下载通道"系统是在原有"数据下载通道系统V1.0"的基础上，针对近年来中国债券市场业务的发展变化和客户需求，从技术内核和业务展现模式两方面进行了全新升级，具有界面友好、操作简单和易于维护的特点。"信息产品专用下载通道V2.0"是可为特定用户提供国内银行间债券市场结算业务数据在线查询、显示和输出功能，基于JAVA技术和互联网浏览器平台开发的数据传输系统。作为对中国债券信息网信息发布功能的一种补充数据披露方式，通过该系统用户可以将中央结算公司信息系统数据库中的"债券资料、结算行情、中债指数、中债收益率曲线及估值"等各类基础数据，通过互联网以标准格式输出到用户终端。在当时该系统已能够为市场各方面参与者提供个性化定制报表，为主管部门监控市场运行和制定宏观政策提供必要的数据支持，为投资人分析、决策提供更加方便的数据来源。

三、债券估值系统不断完善

公司自1999年发布第一条国债收益率曲线以来，相继推出了中债估值、中债指数和中债市场隐含评级，逐渐形成一整套反映人民币债券市场价格与风险状况的中债信息产品体系。

2004年起，人民银行在《货币政策执行报告》中使用中债国债收益率曲线反映债券市场的利率变化情况。人民银行相关课题研究证实，中债国债收益率曲线的形态变化可以有效提供市场对未来宏观经济的预期，可作为利率市场化进一步深化背景下货币政策传导的重要工具。近年来，中债收益率曲线已普遍被商业银行采用作为内部资金转移定价基准，被国家开发银行、中国农业发展银行使用作为贷款定价参考，成为利率市场化进一步深化的重要工具。

2006年，公司在认真总结多年运行维护经验和吸收市场各方参与者意见的基础上，对中债收益率曲线和债券估值进行了全面升级，重点完善了收益率曲线的构建方法，丰富了收益率曲线的数据源及曲线品种，开发完成了新的债券估值系统，有效提高了信息产品的准确度、稳定性和实用性。为丰富中债收益率曲线的编制基础，公司当时还欢迎广大市场成员通过中国债券信息网发布自己编制的债券收益率曲线。完善后的中债收益率曲线，力求更加准确地反映出当前债券市场中各类债券不同期限的合理收益率和债券估值。2007年,银监会《关于建立银行业金融机构市场风险管理计量参考基准的通知》(银监发〔2007〕48号)鼓励银行业金融机构以中债国债等收益率曲线作为公允价值计量基准和市场风险管理基准,推动商业银行实现巴塞尔协议风险控制的要求。

此时,以中债国债收益率曲线为代表的中债收益率曲线,已成为中国境内债券市场的权威定价基准,在支持宏观政策实施、助力防范金融风险、巩固人民币定价权和提供金融资产定价等众多领域发挥了重要作用,助力债券市场高质量发展。

中债估值已发展成为完整反映债券市场价格和风险状况的基准指标,得到了主管部门和市场成员的广泛认可和深度应用。2005年,证监会引入中央结算公司作为首家基金估值基准机构;2007年起,证券投资基金持有在银行间市场流通债券的净值计算全部直接采用中债估值;2008年起,上市银行陆续在定期披露的财务报告中采用中债估值作为投资银行间市场债券公允价值计量的依据,同年,会计师事务所开始采用中债估值作为审计标准;2008年,公司推出中债市场隐含评级。截至2022年6月已覆盖所有在岸人民币信用类债券,每日发布估值信息逾5万条,可以及时、有效地揭示发行主体信用风险变化,为市场机构进行风险监控和管理提供参考。

四、中国债券信息网改版全新亮相

自1998年开通以来,中国债券信息网就致力于为全市场用户提供更优质的信息服务。2003年,为配合我国债券市场的深入发展和适应广大用户的需要,进一步提高中国债券信息网的专业化信息服务水平与质量,在对市场成员进行信息需求调查的基础上,中国债券信息网进行了网站技术平台的升级改造,公司对历年积累、收集及不断发生的大量债市数据进行了编排整理和统计加工,通过中国债券信息网的相关栏目向除专业信息商以外的广大用户有偿开放。开放的栏目内容为数据统计和信息产品类,包括债券结算即时行情和历史行情、债券价格/利率走势图、债券发行统计月报、交易结算统计月报、债券托管统计月报、中国债券指数、中国债券收益率曲线、债券价格与收益率测算表、债券资料库复合条件查询等共10类,其中绝大部分为新增栏目,对个别原免费栏目也增加了新的字段,中国债券信息网发布信息的数量和质量都较以前有了一定的提高。

随着中国债券信息网的市场信息集中发布功能不断完善,栏目内容进一步丰富和充实,信息采集、发布和下载技术不断提高,网站访问量迎来较快增长。2006年,中国债券信息网陆续解决了电信路由不匹配和部分编码低效率问题,改造了定制信息下载通道,加大了与相关机构信息互换的力度,并着手开发建设网站英文版,网站的浏览速度、服务覆盖面等有了新的提高。但是,债券市场发展迅猛,新业务增加很多,市场变化和用户的需求都在不断提出更高的要求,中国债券信息网原有栏目结构和内容设置已经不能满足新业务的信息披露要求。为此,公司在2007年对中国债券信息网进行了第四期升级改造。

网站四期改造的目的是在进一步细分信息服务用户定位的基础上,针对不同层次用户的信息使用习惯和需求范围,结合公司业务工作重点的调整,按"债券业务、债券类别、信息产品、客户服务和新闻资讯"五个维度建立五个相对独立的子网站。其中,"债券业务"面向公司托管结算成员用户,以提供日常业务操作信息服务为目的;"债券类别"是从债券维度提供信息索引,侧重服务于市场初级用户;"信息产品"以公司增值信息产品介绍、使用和数据服务等内容为主,面向市场高端用户;"客户服务"以提供业务培训、互动交流、答疑解惑等内容为主;"新闻资讯"频道以财经新闻和合作信息专栏为主要内容，同时，拟采用 RSS 技术、IM 技术、wiki 技术建立三个互动频道，实现交流互动、内容订阅和共享协作功能。可以说，网站的设计思路是十分超前的，2007 年 8 月，中国债券信息网四期改造向市场成员公开征求意见，经过两年的需求调研和开发测试，全部升级改造工作于 2008 年底结束，并于 2008 年 12 月 29 日正式向公众开放。在经历了三次改版后，中国债券信息网全新亮相。

自 1998 年开通以来，中国债券信息网已走过了十个春秋。十年来，在主管部门的大力支持下，在相关发行主体和市场成员的密切配合下，在公司各部门的刻苦努力和辛勤耕耘下，中国债券信息网从无到有，由小变大，从弱到强，取得了一定的成绩。十年来，中国债券信息网历经三次改版，发布的信息更加及时，各项功能日益完善，已经成为集通知公告、行情披露、数据统计、金融产品、研究分析等多种功能于一体的综合债券信息发布平台，是中国债券市场的权威媒体和人民银行债券市场管理指定信息披露网站。第四次改版后，中国债券信息网将继续为银行间债券市场提供信息披露服务，也为全市场用户提供更优质的信息服务。

第二节　业务制度体系化建设现成效

一、进一步建立健全业务规章制度

2003 年，根据业务发展要求，公司制定了《实名制记账式企业债券登记和托管规则》《债券发行业务内部操作规程》《大额支付系统内部操作规程》等有关规章制度。为了适应综合业务系统三期改造后业务功能变化的需要，公司抓紧进行了相关业务规则、业务细则和操作规程的整理、修订和增补工作，基本完成了《公司债券托管业务规则》《全国银行间债券市场债券交易结算业务规则》和《客户服务协议》这"两大规则、一大协议"的起草。

2005年，为适应现阶段市场发展及业务系统功能升级的要求，公司重新制定和发布了《债券交易结算规则》；配合主管部门建立规范市场创新业务的分层次制度安排，公司制定发布或完善了《债券远期交易结算规则》《资产支持证券发行登记和托管结算业务规则》《债券交易结算保证金集中保管操作细则》，以及商业银行次级债券、证券公司短期融资券、企业短期融资券等业务的操作要点提示等规则、操作规程，起草了小额支付系统质押品管理业务和储蓄国债代销业务的相关制度。不断完善健全的业务规章制度为公司行使金融市场基础设施职能奠定了基础。

二、提高对业务运作相关各方的法律保障水平

自公司成立并提供债券托管结算服务以来，公司与市场成员之间，一直没有签署双方共同认可、具备一定法律效力的服务协议，蕴含一定的法律风险。2005年，在广泛征求市场成员意见的基础上，公司拟定并组织部分市场成员（直接结算成员）签署了客户服务协议，通过明确双方的权利义务关系，保护了双方的合法权益，同时也对双方相关业务操作行为构成了有效的约束。按照这一思路，2006年，公司在继续组织与甲、乙类结算成员签署客户服务协议的基础上，针对结算代理业务存在的潜在风险，广泛征求各方面意见，拟定了适用于丙类结算成员的客户服务协议并积极推动签署工作；同时，组织与各类发行人，特别是新的短期融资券、企业债发行人签署了《债券发行、登记及代理兑付服务协议》。此外，配合市场远期债券交易的推出，公司还制定了《保

证金集中保管协议》。这些工作大大提高了公司开展债券托管结算服务的法律规范性。

2007年起,公司积极配合人民银行起草了《银行间债券市场债券登记托管和结算业务管理办法》,这个办法是行业主管部门就公司主要业务制定的一部重要行政规章,对公司具有十分重大的指导意义。在此过程中,公司与中国证券登记结算公司共同立项,合作研究证券托管结算方面的法律问题,为促进国家有关立法、争取对公司业务更高层次的法规保障做好前期准备。同时,积极配合人民银行对该办法进行了多次讨论和修改。针对讨论过程中不断提出的不同意见,公司收集了大量市场发达国家的资料和相关国际标准,结合我国实际进行深入研究,进行了富有成效的论证、解释、说服工作,最终得到了各方的理解和支持。2008年12月6日,办法文本经人民银行第37次行长办公会议通过,2009年3月26日,以中国人民银行令〔2009〕第1号的形式正式发布,《银行间债券市场债券登记托管和结算业务管理办法》自2009年5月4日起实施。该办法体现了我国债券市场十几年实践的成功经验,与国际标准衔接一致,基本解决了中央托管机构急需解决和明确的问题,也奠定了公司运营的良好法律基础。

三、加强系统安全管理和业务风险管理

随着公司业务的不断发展,投入运行的业务系统数目越来越多,对系统安全管理的要求也越来越高。为此,公司2003年即引入了网络管理软件,构建了核心业务系统网络管理平台,分离了生产、信息系统设备,建立了分层次的系统网络结构,启动了IT服务管理项目,生产系统网络安全体系更加完善;搭建了多个业务测试环境平台,实现测试系统与生产系统的有效隔离,减少了频繁测试对业务系统日常运行的干扰;进一步降低了生产系统运作风险。

为最大限度地保证业务持续性,提升服务水平,公司制订了无锡灾备中心建设的具体实施方案,并与有关单位密切配合,成功组织了债券综合业务系统的生产系统与备份系统的切换运行,并借此对系统危机处理预案进行了检验,对相关业务流程进行了整合,提高了系统的安全等级和公司应对灾难等突发事件的危机处置能力,为实现公司系统和业务的高效、安全、稳定运行提供了强有力的保障。2007年,又按计划成功进行柜台业务系统异地灾备切换演练,至此,公司已组织完成全部重点业务系统及主要基础业务的备份容灾演练,整体实现异地灾难恢复中心建设预期目标。

随着公司不断适应市场的快速发展和需求变化,一些业务工作一直在不断变动和调整,容易产生并积累业务环节风险。为全面分析并逐步消除这些风险点,保障各项业务的安全运行和进一步创新,公司在2005年成立了专门小组,启动并全面推进业务操作风险管理工作,组织编写了《业务操作风险管理工作实施纲要》和《业务操作风险暨风险管理手册》,对各主要业务和技术部门的业务操作风险进行了分析,并提出了有针对性的管理意见或改革建议。针对可能出现的系统因各种原因不能正常处理结算业务的情况,为提高公司应对各种紧急情况和突发事件的能力,公司进一步认真研究制定了《中央债券综合业务系统突发事件处置预案》,以制度形式规范应对和处理突发事件的相关工作流程,进一步提高了突发事件的先期处置能力和应急反应效率。

2007年,针对公司现有应急业务密押编制和管理中的风险隐患,公司开发了电子密押管理系统并成功上线运行,明显提高了安全性和工作效率,降低了管理成本,解决了公司人员掌握客户密押编制公式的风险隐患。

第三节　创新业务机制

一、直通式处理（STP）模式实现

直通式处理（Straight Through Processing，STP）是指数据传输模式自询价开始到交易确认、债券交割与资金清算的整个过程都实现自动化而无须再进行数据输入的处理方式。直通式处理极大地节省了人力成本，降低了操作风险，提高了交易效率。中央结算公司作为债券市场重要金融基础设施，积极推动与交易前台和支付系统的直通式处理，提高结算效率。

一是前后台联网。2005年，中央债券综合业务系统与全国银行间同业拆借中心的债券交易报价系统连接运行，初步实现了债券交易、结算的直通式处理。交易成员在交易系统上的成交数据会实时传输至中央结算公司的中央债券综合业务系统，之后由中央债券综合业务系统按该数据生成交易双方待确认的结算指令，交由交易成员通过客户端进行确认，中央债券综合业务系统根据结算双方人员确认后的指令办理结算。在直通式处理下，交易前台采用集中交易模式并将证券账户纳入交易申报，锁定交易数据直接传递给登记结算后台，后台采用集中清算和集中登记存管模式，保障前后台业务顺畅衔接。该业务模式使得债券登记结算业务的办理更为安全、高效和低成本，同时有助于保护投资者利益，提高市场流动性，增加市场透明度并助力监管，为中国债券市场的长期发展奠定了良好的基础。2007年，中央结算公司完成簿记系统与中国外汇交易中心债券交易系统之间的专线连接改造，接口传输速度、可靠

性和稳定性都有较大改善，提高了交易结算直通式处理（STP）效率，市场服务能力进一步增强。

二是与支付系统联网。2003年，中央结算公司推进了中央债券综合业务系统与中国现代化支付系统的互联进程，为最终实现券款对付（DVP）结算做了技术和业务准备。与支付系统的扩展进程相协调，中央结算公司参加了人民银行支付结算司组织的联网测试，中央债券综合业务系统已基本具备了与支付系统联网运行的条件。同时，针对那些不能直接进入支付系统的机构，公司初步研究了其在支付系统框架内通过资金结算代理行实现券款对付结算的途径。在前期准备工作的基础上，2004年，中央结算公司中央债券综合业务系统与人民银行支付系统联网，实现了券款对付的技术条件，作为双方系统直接参与者的银行机构开始以DVP方式办理债券交易的资金结算。

二、建立券款对付（DVP）结算机制

券款对付（Delivery Versus Payment，DVP）是指在结算日债券交割与资金支付同步进行并互为约束条件的一种结算方式。券款对付（DVP）具有高效率、低风险等特点，因而成为国际债券结算行业提倡的结算方式，也是国际上评价结算机构水平的核心标准之一。1989年，国际30人小组（International Group of Thirty，G30）推出的《世界证券市场清算结算系统报告》建议，"在系统具备条件的情况下，应该使用券款对付（DVP）方式进行结算"。2001年，国际清算银行支付清算体系委员会与国际证监会组织（CPSS-IOSCO）发布的《证券结算系统推荐标准》明确提出将实现券款对付作为各国证券结算系统应努力达到的标准之一，即"中央托管机构应通过证券交收和资金交付的对接，实现券款对付，消除本金风险"。

多年来，债券交割和资金清算相分离一直是中国债券市场的缺憾。

随着市场的发展，市场参与者对结算效率和安全性的要求越来越高，进一步完善和扩展结算功能势在必行。监管部门认真调研了多元化的市场成员对债券与资金对付模式的不同层次的需求，借鉴国际经验，研究考虑在支付系统框架内通过资金结算代理行实现券款对付的途径，提高市场效率。针对不同性质的投资者，探索全面实现券款对付的多种途径，以解决不能在支付系统开立账户的市场参与者办理券款对付结算的问题，减少结算环节，提高结算效率，降低结算风险。

中央结算公司积极配合监管部门，为 DVP 机制在银行间市场的推广做了充分的前期准备工作，以实现券款对付为新的起点，完善债券市场结算机制和结算功能。中央结算公司积极研究关于证券结算系统的国际标准，主动做好与支付系统建设主管部门的沟通，制定券款对付结算操作规范和配套协议，建立券款对付机制安全运行的预案保障体系，为支付系统的直接用户提供安全、便捷的券款对付结算服务。为实现中央债券综合业务系统和支付系统的连接并充分发挥其作用，中央结算公司在人力、物力、财力，以及业务、技术、制度等各方面做了充分准备，主要包括以下几方面内容：一是签署联合运行协议。依据中国人民银行有关支付业务的规定，公司与人民银行清算总中心于 2004 年 12 月 14 日在人民大会堂签署了《中国现代化支付系统与中央债券综合业务系统联合运行协议》。该协议明确了运行双方各自的权利与义务，对两系统联网后的平稳运行进行了严格的规范。二是制订应急预案，明确操作规程。为防范系统风险，根据人民银行关于《中央债券综合业务系统接入支付系统流程及应急方案》（银办发〔2004〕209 号，以下简称 209 号文件）的要求，结合债券系统及交易结算的特殊实际，公司适时制定了《中央债券综合业务系统接入支付系统实施细则》，并细化了各项应急措施。为适应系统功能的变化，提高工作效率，防范操作风险，公司及时制定并实施了《资金清算业务操作流程》等操作细则，对具体经办岗位的每一个环节做出规范，真正做到按流程操作，账目清楚，数据准确，划拨及时。三是与市场成员逐一签署DVP结算协议。为明确界定公司与市场成员在办理DVP结算业务中的权责关系，根据《大额支付系统业务处理办法（试行）》（银发〔2002〕217号）和209号文件的有关规定，公司针对市场成员是否具备支付系统直接参与者资格的不同情况，分别制定了《债券交易"券款对付"结算协议》及《债券交易"券款对付"结算三方协议》，并与同意采用DVP方式结算的市场成员一一签署。在协议中，进一步规范了DVP结算业务流程，明确了协议各方在DVP结算中的权利义务关系和所应承担的责任。四是利用多种形式开展宣传。为顺利推行DVP结算业务，公司利用多种形式开展宣传工作。在对市场成员的系统升级上线培训及上线后的常规业务培训中，将DVP结算业务作为重点内容向市场成员进行宣传培训，使市场成员充分理解DVP结算业务的作用、意义与优势，全面掌握操作流程。平时将有关DVP运行及结算情况、市场成员的做法与经验，及时登载于中国债券信息网及《金融时报》等相关媒体，使社会公众增强对我国债券市场运用DVP结算方式的理解与认识。

在前期准备工作的基础上，DVP机制首先在银行间市场的银行类机构间推广实行。2004年，中央结算公司债券综合业务系统与大额支付系统联网运行，实现商业银行债券交易券款对付（DVP）结算，即银行类机构同时具备已在支付系统开立清算账户和在债券系统开立债券账户两个条件的，在与中央结算公司签署相关业务协议后，即可通过债券系统与支付系统的连接办理银行间债券市场所有债券业务的债券与资金的同步交收与结算。这实现了使用"央行货币"的DVP结算，根除了债券交易中的结算本金风险，同时通过债券自动质押融资等机制为支付系统的稳定高效运行提供了有力保障，这是中国金融市场基础设施建设的重要举措，标志着公司结算业务向国际标准又迈进了一步。自开通DVP结算业务以来，已尝试DVP结算业务的市场成员普遍反映：债券市场采用DVP结算给市场成员带来了诸多好处，最为明显的作用是，提高了结算效率和工作效率，降低了结算风险，减少了支付纠纷，提高了流动性，降低了日间准备金头寸，从而提高了市场的整体效率。

自2004年中央结算公司的债券系统接入支付系统以来，银行机构可以通过其在支付系统的清算账户办理DVP结算中的资金清算，非银行金融机构需要委托商业银行通过其清算代理行在支付系统的清算账户办理DVP结算中的资金清算。从实施情况来看，绝大部分银行机构已开展了DVP结算业务；未在支付系统开立清算账户的参与者需要选择商业银行作为清算代理行，但由于代理行与被代理机构共用一个支付系统清算账户，因此产生了代理行为被代理机构垫付结算资金头寸或代理行付款不及时使得被代理机构结算资金头寸不足的情况，实施效果不甚理想。在与成员间的债券交易结算中，未发生过一笔真正意义上通过清算代理行完成DVP结算的业务。占市场比例80%以上的非银行金融机构仍然不能选用DVP结算方式，市场的公平与效率原则没有真正实现。因此，DVP结算方式的服务范围亟待扩大。

围绕这一机制的完善和推广，自2005年起，人民银行作为主管部门，中央结算公司作为实施机构，分别就实施全面DVP方案进行研究论证及系统开发工作。经过四年的共同努力，终于在2008年8月1日正式开通非银行金融机构DVP业务。2008年，人民银行发布了中国人民银行公告〔2008〕第12号，规定已在支付系统开立清算账户的参与者通过其在支付系统的清算账户办理券款对付的资金清算；未在支付系统开立清算账户的参与者除可委托其清算代理行代理其DVP资金结算外，也可委托中央结算公司代理DVP资金结算。从而使券商、基金、保险等非银行金融机构也可以通过中央结算公司进行券款对付的结算。非银行金融机构债券交易券款对付结算机制的建立完善，是继2004年实现银行机构DVP后，债券市场基础设施功能建设丰富发展的又一个重要里程碑。至此，银行间债券市场全面实现了完全意义上的实时DVP结算。此举使得我国银行间债券市场DVP结算机制的建设向国际证券

第三章　中央结算公司夯实业务基础（2003—2008年）

结算标准迈出了历史性的一步，更使得银行间债券市场的全体成员能够共同、平等享有市场进步的成果。

中央结算公司积极配合监管机构，解决了非银行金融机构使用DVP进行债券结算的问题，配套开发建设了资金账户管理系统，完成了相关业务制度拟定、试点单位培训等工作，为DVP结算机制在非银行金融机构的实现与推广打下了坚实的基础。一是成立工作小组，全面指导实施。在人民银行总行关于全面推进银行间债券市场DVP结算的总体工作部署下，金融市场司、货币政策司、支付结算司、科技司等司局与中央结算公司于2007年6月29日共同组建了"非银行金融机构DVP工作小组"，对继续提升市场效率、全面实现DVP结算进行了整体部署和规划。中央结算公司作为主要落实和实施机构，成立了公司内部项目组，负责系统建设和业务推广工作。二是业务上线、系统先行。为配合非银行金融机构DVP结算业务的顺利实现，中央结算公司按照系统及功能先于业务上线的步骤实施，2008年1月28日，资金账务管理系统（以下简称资金系统）正式运营。系统上线后，项目组又相继完成了资金系统自身及其相关系统业务功能优化工作，涉及与资金业务相关的功能改造50余项。目前，资金系统运行及相关系统的改造、新增功能运行平稳。资金系统作为与债券交易相关的资金清算与结算的核心系统，是支持DVP结算机制的基础系统之一，它的运行使得银行间债券市场金融资产的流动性进一步提高，为基于债券与资金快速转换的金融产品和服务创新奠定了重要基础。随着我国债券市场的稳步发展，资金系统的稳定运行必将为维护市场安全、提高市场效率发挥日益明显的作用。三是狠抓制度建设，从源头控制和防范风险。完善的制度体系与可靠的技术保障是业务顺利实现的"双翼"。2008年，中央结算公司进一步夯实制度建设，从源头控制和防范风险，先后制定、修订并出台了一系列制度规定，为规范银行间债券市场的DVP结算业务提供操作依据，以指导市场成员顺利、有序地开展DVP结算业务。中央结算公司以2008年人民银行第 12 号公告为指导，制定了《银行间债券市场券款对付结算业务实施细则》《债券交易券款对付结算协议》《债券交易券款对付结算三方协议》《债券结算资金账户使用协议》《结算成员签署 DVP 协议等相关事宜的说明》《DVP 结算业务操作指引》等一系列制度文件。这些文件从业务流程、操作规范、法律关系等不同角度明确和界定了业务参与各方的行为及相关权利义务，成为市场成员办理 DVP 结算业务的指导规范。四是落实业务管理，严防资金风险。为落实人民银行对非银行金融机构债券结算资金专户"专款专用"和"日终零余额"的管理规定，公司在制度上进行了具体细化，在系统功能和操作规范等方面采取了切实可行的措施，严格防范结算资金的挪用、动用和滞留风险。首先，在实施细则、相关协议及操作指引、流程中明确了不同 DVP 模式的业务处理要求，银行机构及清算代理行沿用原 DVP 结算处理机制，非银行金融机构的债券结算资金专户与托管账户一一对应、单独设置，保证专款专用、相互隔离，防止了结算资金的混用和挪用；其次，设定日终自动划回功能机制，强制债券结算资金专户日终余额为零，系统于每个营业日的 16：30 将剩余结算资金自动划回；再次，通过制度约束，要求非银行金融机构不得在营业日 16：30 后向债券结算资金专户发起 DVP 结算业务；最后，通过业务培训向市场成员反复强调业务处理机制和操作管理规定。通过公司的严密监控与正确指导及市场成员的积极配合，银行间市场未发生一笔结算资金滞留的情况。

在人民银行的统一部署和推动下，在中央结算公司的积极配合下，非银行金融机构 DVP 结算业务有关准备工作全面完成。2008 年，在前期准备工作的基础上，中央结算公司组织实现了非银行金融机构债券交易 DVP 结算。同时把 DVP 结算方式引入债券一级市场，已有部分成员开始采用 DVP 结算方式进行分销，全部一级市场参与者使用这一方式的技术和业务支持条件已经完全具备。2008 年，银行间债券市场全年 DVP 资金结算额为 102.78 万亿元（包括债券交易 DVP 结算、人民银行公开市场

DVP 结算和付息兑付 DVP 资金清算），其中，债券交易 DVP 结算业务资金清算额为 97.88 万亿元，DVP 结算业务总笔数为 30.66 万笔，分别比 2007 年增长 69.05% 和 66.49%；日均 DVP 结算金额为 3900 多亿元，比 2007 年增长 70%。在非银行金融机构 DVP 结算业务开办的 5 个月中，非银行金融机构间开展的 DVP 结算业务共计 3069 笔，资金结算额为 7399.62 亿元。从市场结算量和发展趋势来看，DVP 结算方式以其低风险、高效率的结算特点已成为不同类型交易主体首选的结算方式。

三、储蓄国债柜台业务系统正式运行

为构建多层次的国债市场，向广大个人投资者提供安全、便捷和低成本的国债投资渠道，2002 年中国人民银行颁布了《商业银行柜台记账式国债交易管理办法》，开辟了记账式国债零售市场的先河。在中国人民银行和财政部的统一领导和推动下，记账式国债柜台业务试点工作顺利开展。中央结算公司通过与承办机构联网以电子簿记方式，面向个人投资者、企业和其他机构发售、交易和兑付国债。

在各方的共同努力下，中央结算公司牵头设计开发的债券柜台交易系统。于 2002 年 6 月初顺利开通。债券柜台交易业务是指国债、政策性金融债及其他金融债以记账方式通过商业银行的营业网点面向社会公众、企业和其他机构发售、交易和兑付的业务。债券柜台交易业务中心处理系统的基础设施包括债券柜台交易数据处理系统、已运行的中央债券簿记系统及债券余额语音查询系统。债券柜台交易业务中心处理系统的功能包括：接收各交易商日常的柜台业务数据；登记投资人的开户信息；处理投资人账户资料变动；核对交易商的认购交易数据；为各交易商办理认购、交易一级清算；协助簿记系统办理债券一级账户的交割；办理投资人的转托管；生成每日投资人债券余额表；向系统交易商反馈处理结果；为债券投资人提供债券余额信息的语音查询功能。

债券柜台交易业务的基本模式是：两级托管，联网运作；柜台发行，报价交易；事后稽核，双重查询。各承办银行为社会公众和机构投资人开设债券二级托管账户，各承办银行在中央结算公司除原有的自营债券托管账户外，还要开立代理总托管账户，汇总反映所辖网点全部投资人二级托管账户的债券总额。各承办银行的总行、分行与基层营业网点之间建立统一的或分级的计算机业务处理系统，将柜台交易业务数据汇总到总行；各承办银行总行的系统与中央结算公司的中心系统实现计算机网络连接，传输柜台交易业务数据。中央结算公司建立柜台交易业务数据接收处理中心系统，并建立面向社会公众和机构投资者的计算机复核查询系统，为投资人提供账务复核查询服务。

为保证柜台交易业务运行万无一失，中央结算公司完成了柜台中心处理系统的开发及与四大国有商业银行柜台业务系统的联网测试；对公司内部经办人员和试点行的业务、技术人员进行了培训；制定了柜台交易业务规则、数据处理规程和有关内部操作流程。柜台交易业务推出后，积极发挥监督和复核职能，认真做好统计报表的编制工作，并按照主管部门部署做了相应的宣传。这些工作使得柜台交易系统自推出以来保持平稳运行，其安全性、可靠性均达到了预期的目标，从而为债券柜台交易业务的进一步推广和银行间债券市场的进一步扩展打下了良好的基础。在总结国债柜台交易业务试点运行的基础上，中央结算公司积极提出进一步完善债券柜台交易结算的有关建议：在原有柜台交易系统的基础上研究优化系统运行和数据交换模式，提高账务复核效率，降低业务风险；研究调整债券柜台交易业务中心处理系统与其他系统间的数据交换模式与时间安排，提高业务运转效率。

记账式国债柜台交易业务刚刚推出时，只有北京、上海、浙江3个省市可以办理。2003年，中央结算公司配合四家国有商业银行扩大国债柜台交易业务试点地域，努力为更多城乡居民个人参与债券投资提供服务。一年中交易网点由 2000 多家增加到 6000 多家，投资人开户数由 4 万户增加到近 5 万户，交易结算量由 14.4 亿元增加到 25.5 亿元。2004 年，中央结算公司通过商业银行国债柜台业务系统，配合财政部成功发行国内第一只电子记账凭证式国债，为我国今后采用电子记账方式向个人发行不可流通国债进行了有益尝试。

2006 年，为适应国债发行制度建设的要求，中央结算公司完善了与国债发行相关的业务服务功能。在发行储蓄国债方面，为配合这一市场创新产品的推出，公司以原有的记账式国债商业银行柜台业务系统为基础，组织进行了大规模功能改造，重新规划配置了系统中心端业务处理流程和对外数据接口，并协助业务试点银行建设或升级了对应业务处理系统。从两期已发行储蓄国债的业务运行情况看，公司能够较好地提供发行额度调剂、总账复核、账户查询、提前兑付处理等功能服务。2006 年，储蓄国债（电子式）柜台业务系统正式上线运行，进一步扩大了个人投资者的债券投资渠道。2006 年 7 月 1 日财政部发行了第一期储蓄国债（电子式），标志着该项业务的全面启动。

中央结算公司不断优化柜台业务系统。2007 年，进一步完善灾备系统，成功进行柜台业务系统异地灾备切换运行。柜台记账式国债和储蓄国债业务试点继续扩大，年内新增商业银行交易网点 6 万多家，城乡居民个人开户数达 534 万多户，公司服务范围已覆盖全国绝大部分省份和地区。2008 年，柜台交易业务覆盖面稳步扩大。记账式国债试点机构由 4 家扩展到 8 家，储蓄国债承办机构达到 11 家，初步形成了公司市场营销的网络体系。中央结算公司主动做好柜台业务系统的改造工作，积极配合财政部和人民银行，全面完成 40 家凭证式国债承销团成员与公司柜台业务系统的联网测试工作，为储蓄国债的发行提供良好的技术支持；积极争取柜台记账式国债业务的发行工作，努力繁荣柜台市场。

四、小额支付系统质押额度管理业务和大额支付系统自动质押融资业务推出

随着货币市场和资本市场的不断完善,各个国家的中央银行作为支付清算服务的提供者,应该为其支付系统参与者提供日间融资便利,以提高系统流动性和降低系统风险。自动质押融资机制是发达国家中央银行支付系统普遍采用的一种具有自动调节流动性功能的机制,也是加强对支付系统参与者流动性风险管理的一项重要措施。简言之,自动质押融资是当商业银行清算账户日间不足支付时,向人民银行质押债券融入资金弥补头寸,待资金归还后质押债券自动解押的流动性调节机制。

2004年11月8日,中央债券综合业务系统与大额支付系统成功连接,实现了债券交易的DVP清算;2005年6月,大额支付系统完成了在全国的推广应用,具有银行间债券市场结算资格的商业银行绝大部分作为直接参与者接入了支付系统,为启动自动质押融资机制提供了必要条件;2005年12月,中国人民银行发布了《自动质押融资业务管理暂行办法》,为启动自动质押融资业务提供了法律制度保障。因此,中国人民银行决定于2006年5月8日正式启动自动质押融资功能。自动质押融资业务系统以中国现代化支付系统(CHAPS)、中国人民银行公开市场业务系统(OMOS)、中国人民银行会计集中核算系统(ACS)、中央债券综合业务系统四大业务系统为依托,实现债券自动质押、融资、还款、解押。自动质押融资业务系统由中国人民银行委托中央结算公司开发和维护,自动质押融资业务操作终端设置在中国人民银行支付结算司,成员应急业务操作终端设置在中央结算公司。

小额支付系统质押业务是指成员行通过小额支付系统质押业务系统向中国人民银行质押债券获得质押额度,并将该质押额度用作净借记限额分配给其自身及其所辖分支机构,用于小额轧差净额资金清算

担保的行为。小额支付系统质押业务包括质押品管理业务和质押额度管理业务。其中,质押品管理业务是指成员行通过中央债券综合业务平台债券业务模块办理质押品的调增、调减及置换处理。质押额度管理业务是指成员行通过中央债券综合业务平台质押额度管理模块为其自身及其所辖分支机构办理质押额度的分配和收回处理。

2005年,中央结算公司协助人民银行开通与推广小额支付系统质押业务。为配合人民银行小额支付系统建设总体计划的实施和小额支付系统在全国的推广应用,公司于2005年2月20日开通中央债券综合业务系统关于小额支付系统质押品管理、质押额度管理和授信额度管理的功能,精心组织业务联调测试,制定和发布有关业务操作细则,按照人民银行的安排分步骤分批对参与小额支付系统质押业务的相关成员行进行操作培训,并积极配合人民银行对该业务的推广工作。

2006年,中央结算公司增加了小额支付系统质押业务处理功能和大额支付系统自动质押融资业务处理功能。公司的债券综合业务系统与人民银行支付系统联网后,依托支付系统实现了债券交易的DVP结算,极大地提高了债券交易结算的安全性和效率。同样,依托债券综合业务系统也可以实现资金支付业务中的质押管理,很好地提高了支付清算的效率,防范流动性风险。按照人民银行要求,公司对系统进行了功能改造,加载了小额支付系统质押品管理、质押及授信额度管理业务功能和大额支付系统质押品质押、解押、置换、质押额度分配和收回业务功能,完成了相关应用系统的联调测试和上线运行,同时配合制定了相关业务的管理办法和规则规程,协助进行了成员行业务操作培训。

第四章

中央结算公司业务稳健发展

(2009—2015年)

第四章　中央结算公司业务稳健发展（2009—2015年）

2009—2015年，中央结算公司敏锐把握市场发展和客户需求的趋势性变化，在复杂多变的环境中快速发展。公司在主管部门的正确领导下，通过早思考、早规划、早变革，形成多元化、集团化的发展格局。

第一节　中央登记托管体系护航金融市场

一、一级市场服务迈上新台阶

《银行间债券市场债券登记托管结算管理办法》（中国人民银行令〔2009〕第1号）规定，中央结算公司是中国人民银行指定的债券登记托管结算机构，承担债券中央登记、一级托管及结算职能，负责跨市场交易流通债券的总托管。作为中国金融基础设施的提供者，公司的使命是为金融市场提供安全、高效、专业的基础服务。公司始终坚持把做好支持债券发行、托管、登记、结算等服务工作当作中心工作任务来抓，支持金融市场持续发展。

发行、托管、结算是公司的主体业务，也是公司发展的前沿阵地。在此期间，公司累计协助发行各类债券（不含央票）42万亿元。公司根据主管部门要求和发行人需求，对发行现场进行了一系列改造，提高发行服务水平。在规模持续增长的同时，细化招投标现场管理。公司通过建设电子化信息服务平台，大幅提高了发行人信息披露的便捷性和工作效率，并充分发挥京、沪、深三地协同效应，为债券发行人提供便捷、高效的服务。

一是优化业务操作规程。2011年，公司进一步完善债券发行保障设施建设，强化发行中的纪律约束，保证发行工作的规范性；配合主管部门完善簿记建档发行服务的相关工作，建立簿记建档系统，促进簿记建档和公开招标两种发行方式的优势互补，并优化了债券发行业务、发行协议签署、发行账户开立、注册文件移交、发行费用收取等工作。同时，公司根据市场需求，做好对公司账户功能设置的研究，调研债券账户细分相关问题，实现一个账户、多个科目的功能设计和服务支持。在此基础上，公司持续优化债券发行信息披露工作，建设并完善了债券信息发布系统，为客户提供更为自动化、精细化、安全化的信息披露服务。为进一步提高服务水平，公司持续完善服务体系建设，对业务流程、部门职责进行梳理，编写涵盖债券发行、登记、托管等业务在内的统一的业务指引，提高业务办理效率，并对组织机构设置、岗位职务设置、人力资源配置等进行配套改革。

二是积极发挥财政政策支持职责。公司配合主管部门要求，完成国债发行新增需求改造，完善业务和系统支持能力，支持国债期限管理、滚动发行，支持续发行、预发行和国债做市机制，支持地方政府债券招标发行。公司通过全周期服务和技术支持，积极支持政府债券发行。仅2015年，公司就成功支持了34家地方政府自主发行地方债3.8万亿元，是2009年地方政府债券发行总量之和的2.4倍，圆满完成了地方政府债券发行服务工作。

三是支持金融债券创新发展。公司不断完善簿记建档发行服务体系，推进金融债券和资产支持证券集中簿记建档发行服务，首次为非公开发行项目收益债提供簿记建档发行服务。

四是支持企业债券创新发展。2011年国务院发布《企业债券管理条例》，规范了企业债券的基本要素。公司在主管部门的指导下，开发了非金融企业债券招标发行系统，并于2011年8月成功上线，在较短时间内完成了超短期融资券招标发行各项准备工作并成功支持相关发行工作。在此基础上，国家发展改革委财政金融司于2014年4月发布《企业债券簿记建档发行业务指引（暂行）》《企业债券招标发行业务指引（暂行）》的相关规定，明确企业债券簿记建档发行应使用由中央结算公司提供的簿记建档发行系统或传真方式进行申购。公司根据相关要求，为企业债券提供发行支持，包括总登记托管、结算、代理本息兑付及信息披露等相关服务工作。2015年，公司接受国家发展改革委的委托，承担企业债券评估和信用体系建设职能。自2015年3月至年底，公司共完成企业债券评估262只、额度4283亿元，重点投向轨道交通、水电管网、棚户区改造、小微企业等领域，有力发挥了企业债券在稳增长、调结构方面的政策工具作用，进一步强化和深化了公司服务信用债券市场的职能和地位。与此同时，上海分公司和深圳客户服务中心共同支持债券发行超过150期，发行量达到3875亿元。

二、托管结算业务实现新突破

截至2015年末，在公司开立的债券托管账户数达9398户，较2008年末增长11%；各类债券托管余额达35万亿元，较2008年末增长133%；完成债券二级市场现券交易结算60.5万亿元，较2008年末增长50%；结算56万笔，较2008年末增长206%；债券回购交割量为405万亿元，是2008年的7.2倍。2009—2015年，公司累计组织处理债券付息兑付资金39万亿元，单日处理量屡次刷新纪录。

一是DVP结算推广工作不断深化。在此期间，公司配合人民银行完成二代支付系统上线和调试，参与模拟运行、专项测试、切换演练等多项工作，启动公司内部系统后续改造项目。积极宣传和推动非银行金融机构DVP结算业务，落实2008年人民银行第12号公告的要求，确保DVP资金专户开户数及结算量稳步增长。公司还修订了DVP业务细则、服务协议，简化开户流程，优化自动退回、自动入账、资金清算顺序等系统功能，促进DVP结算业务实现全市场覆盖。在公司积极筹备下，非银行金融机构DVP结算工作取得明显进展，二级市场DVP结算量占比稳步提升。同时，公司早在2010年就做好了债券发行分销和缴款DVP业务的相关技术准备。

三、债券市场开放不断提速

随着人民币国际化进程的深入，中国金融市场的大门逐步向全球投资者敞开。境外机构在中国债券市场开户数量不断增加，境外投资者制度不断完善。

（一）积极支持债券市场"引进来"

2010年，境外央行、港澳人民币清算行和境外参加银行三类机构获准运用人民币投资银行间债券市场，标志着我国债券市场正式对外开放，也由此开启了境外机构参与境内债券市场的"全球通"入市模式。在"全球通"模式下，境外机构直接在中央结算公司开立债券账户，通过"中央确权+结算代理"形式进入银行间债券市场。投资者直接持有债券，法律确定性高，穿透清晰，无须中介逐级上报，成本低，与境内现有基础制度安排一致。在"全球通"模式的支持下，国际上主要的大型机构投资者均已在公司开立账户。2015年，主管部门放开境外人民币清算行和境外参加银行开展债券回购交易；将境外央行、国际金融组织、主权财富基金三类机构的投资范围从现券交易、债券回购扩展到债券借贷、债券远期以及利率互换等衍生品种。

（二）积极支持债券市场"走出去"

公司不断提升国际交流水平，成功举办亚太中央托管组织（ACG）交流培训活动，当选ACG常委机构，成功申办ACG第十八届年会。同时，公司与俄罗斯国家结算存管机构（NSD）、土耳其中央证券存管公司等签订合作备忘录，与欧洲清算银行开展人员交流培训。同时，研究推进境外客户专项服务，完成《国际客户专项服务机制研究报告》；组织召开"境外央行类机构投资银行间市场业务座谈会"；还组织业务骨干赴澳大利亚、新西兰、德国、法国等举办境外客户推介会，提升海外营销能力。

（三）积极开展国际化战略研究

公司开展了对跨境发行、结算、担保品管理等核心业务的境外调研，形成跨境发行和跨境担保品管理业务方案，明确规划方案和推进措施。2015年，以上海分公司为平台，公司做好了为上海自贸区提供金融服务的业务准备，开立FT账户，设计完成了支持在上海自贸区发债相关业务方案和技术准备工作。

四、服务场景不断延伸

在相关部门的指导和推动下，中央结算公司积极落实监管改革指引，发挥比较优势，陆续为信贷流转、信托产品、理财产品提供登记等基础性服务，组建银行业信贷资产登记流转中心和银行业理财登记托管中心等相关机构，在保障市场健康发展、提升监管有效性、维护投资者权益、降低金融市场组织成本等方面发挥了积极作用。

（一）扎实推动理财登记工作

一是完成全国银行业理财信息登记系统的开发建设工作，并由银监会发文正式上线平稳运行。全国银行业理财信息登记系统（以下简称理财信息登记系统）自2012年11月正式开始建设，2013年1月在部分银行试点运行。2013年6月17日，银监会发布《中国银监会办公厅关于全国银行业理财信息登记系统（一期）运行工作有关事项的通知》（银监办发〔2013〕167号），标志着理财信息登记系统在全国范围内正式上线以及全国银行业理财产品集中登记工作的正式开始。该系统实现了与银监会相关部门、各省市银监局、地市银监分局及430家银行业金融机构的联网运行，支持监管机构在线审阅理财产品，登记商业银行理财产品34.4万只。二是稳步推进中国理财网网站开发和注册备案工作，并正式在互联网环境上线运行,使其成为公司又一个完全自主设计、开发、运营、维护和管理的门户网站,同时这也是中国银行业理财产品信息发布的权威电子平台。三是2013年11月投资端登记内容正式上线。

(二)积极支持理财直接融资工具等创新试点

在开展理财登记工作的基础上,公司积极支持配合主管部门开展理财直接融资工具和理财管理计划创新业务试点工作。一是参与创设工具和计划,完成15份创新试点参考文件和相关规范指引的撰写工作。二是集中开发了具有发行、托管、结算等功能的"理财直接融资工具综合平台"。三是支持13家试点银行共计发行61只理财直接融资工具,募集资金178.6亿元,同步开展43款银行理财管理计划参与工具的一级市场认购。

(三)深入开展信托合同登记工作

一是扎实开展登记工作。全部68家信托公司均已按要求开展登记工作,公司已累计登记信托项目超过2.3万个,登记总金额超过6.7万亿元,为受益人开立信托投资账户23.3万个。二是不断完善信托合同登记系统建设,与主管部门、行业协会、信托公司保持密切沟通,针对意见较为突出的"数据报送模板"和"敏感信息加密"等问题及时开展情况调研,完成系统升级。三是与中国信托业协会共同研究信托登记体制机制建设,提出具体解决方案并报送主管部门。四是着力加强调研学习,通过多种渠道跟踪信托行业动态,分别就信托财产公示制度、信托转让制度、信托保密制度、行业数据整合等多个主题开展专题研究,并形成阶段性成果。

(四)大力支持信贷资产流转和银团贷款工作

一方面,开发建设集授权、登记、交易、结算、贷后管理等功能于一体的信贷资产流转系统,参与制定《信贷资产流转管理办法》《信贷资产流转业务主协议》等制度规则和标准化法律文件,以登记机制控制交易风险,以电子交易规范资产流转,实现业务操作阳光化,便利非现场监管。2013年共支持完成16笔信贷资产转让,转让额约28.2亿元。另一方面,实现银团贷款交易功能上线,发布系统配套业务手册、操作手册,提供登记、转让、结算、代理行管理等综合服务功能;配合中国银行业协会制定《银团贷款转让交易规范》《银团贷款主协议》等制度文件,推动银团贷款转让的技术和业务条件逐步就绪。

五、积极推进研发部署

(一)制定并贯彻五年发展战略

从安全方面看,金融市场基础设施的科学、合理发展,能够避免市场割裂、交易环节复杂等问题,降低系统性风险的爆发概率,缓释经济波动。从效率方面看,金融市场基础设施建设能够推动市场运行效率、信息效率、价格效率、交易效率不断提升。在全面分析、科学把握形势的基础上,2010年,公司制定了未来五年的发展战略,提出了公司发展方向、目标和任务,切实增强了全体员工推动公司发展的使命感,用脚踏实地、求真务实的实际行动,和衷共济、携手奋斗,把美好的蓝图变为现实。公司五年发展战略指出,"创建国际领先的中央托管结算机构"是我们的愿景,"为中国金融市场提供安全、高效、专业的基础服务"是我们的使命,"诚信、责任、服务"是我们的核心价值观。2015年,公司进一步研究制定中长期战略,启动新的五年发展规划编制工作,完善业务价值链分析报告,推进业务架构规划设计项目。

(二)加强新业务研究

在人民银行的支持参与下,三方回购业务联合课题组已经完成了课题报告,设计了银行间市场三方回购运行方案;在财政部国库司的支持下,先后完成了"记账式国债柜台市场发展"课题的立项和"港澳地区投资者购买人民币债券路径"课题的研究工作。

(三) 跟踪研究国际结算新标准

公司开展了国际金融基础设施准则及其披露框架的翻译和导入工作,并完成自评的分项汇总和全球托管人协会(AGC)评估。2015年,公司接受了金融基础设施FSAP评估。FSAP评估由国际货币基金组织和世界银行联合开展,旨在评估一国金融体系的实力、脆弱性和风险,能够全面衡量和展示公司综合实力。评估结果显示,我国场外市场债券结算系统达到中上水平。此结果是国际社会对中国债券结算系统的总体性评价,反映了公司多年来业务发展创新的成果,使公司的价值和成果在国际上得以确认和体现。

六、《债券》期刊顺利创刊

《债券》期刊由安徽出版集团有限责任公司主管,时代出版传媒股份有限公司与中央结算公司共同主办,安徽人民出版社出版,于2012年7月正式创刊,是国家新闻出版广电总局首批认定的社科类学术期刊。

创刊以来,期刊始终秉承高品质办刊路线,有针对性地介绍国内外债券市场相关研究成果和可借鉴的经验,成为债券市场主管部门、参与机构、学研机构等专业人士投资研究的重要读物。2012年,《债券》被列入"2012年版人民大学《复印报刊资料》重要转载来源期刊";2014年,《债券》被国家新闻出版广电总局首批认定为学术期刊;2015年荣获武汉刊博会"中国最美期刊";同时也是《中国学术期刊影响因子年报》统计源期刊,在"货币/金融、银行/保险"学科类目中,影响力指数(CI值为57.091)学科排序在前50%(29/60);期刊"债市研判六人谈"栏目获评2015—2016年度安徽期刊"特色栏目"。

《债券》期刊在推动内容线上与线下相结合、传统媒体与新兴媒体融合等方面,不断推出新举措。期刊微信公众平台于2015年初推出。

《债券》期刊主办债券业内规模最大的投研交流活动"中国债券市场投资策略论坛",在业内享有盛誉;持续举办"债市研判六人谈""《债券》期刊年度'十佳文章'评选"等品牌活动,在业界形成较大影响力。

第二节 增值业务赋能债券市场

一、中债信息产品助力市场发展

经过十余年的不懈探索和努力,中债价格指标产品体系进一步丰富,发展成由中债曲线、中债估值、中债指数、中债 VaR 值、中债市场隐含评级和"我的统计"六部分组成的指标系列。

(一)中债曲线

在该阶段,公司研发增加国开债收益率曲线、商业银行普通债收益率曲线和固定利率企业债收益率曲线品种,细化全曲线族系标准期限点,延长中短期票据收益率曲线期限。以中债国债收益率曲线为代表的中债收益率曲线,已成为中国境内债券市场的权威定价基准,在支持宏观政策实施、助力防范金融风险、巩固人民币定价权和提供金融资产定价等众多领域发挥重要作用,助力债券市场高质量发展。

2009 年开始,财政部代理招标发行地方政府债以中债国债收益率曲线为定价基准;2010 年,保监会将中债国债收益率曲线作为保险业保险准备金计量参考;2011 年开始,财政部规定长期限国债参考中债国债收益率曲线确定招标区间。2014 年起,财政部、人民银行、银监会、保监会、中国国债协会、中国资产评估协会等官方网站相继发布中债国债收益率曲线。

公司主动适应经济发展新常态，充分利用二十年来积累的债券收益率曲线编制经验和债券数据库优势，把握战略发展机遇期，开发了中债债务管理工具。2014 年，公司参与的世界银行技术援助项目"中国国债管理战略计量分析研究"高质量完成，并着手开发债务战略计量系统。中债债务管理工具有效吸收国内外发行主体债务管理经验，将成本风险权衡的思想引入债务管理。其主要功能是将不同的债务期限结构组合作为备选方案，在中长期时间跨度内，计算各备选方案的成本与风险指标，进行综合评价，为发行人推荐债务管理组合的优化方案。中债债务管理工具依据中国债券市场实际情况，建立了计量分析框架，在自动生成的数千个备选方案中选择发行人合意的债务管理方案，迈进国际债务管理领域先进行列。

（二）中债估值

中债估值包括估值净价、估值收益率、应计利息、估价修正久期、估价凸性等指标，满足市场精细化需求，用于交易参考、风险管理及会计核算。为了助力监管政策落地，更好地满足市场成员对资管产品所投资产公允价值的需求，促进市场规范化发展，中债估值中心充分发挥债券定价分析的优势，将债券估值积累的专业经验延展至其他债权类资产和未上市企业股权资产估值领域。

中债估值已发展成为完整反映债券市场价格和风险状况的基准指标，得到了主管部门和市场成员的广泛认可和深度应用。2012 年，银监会发布《商业银行债券公允价值估值操作指南》，明确在采用第三方估值机构确定境内发行的债券公允价值时，应采用中央国债公司等权威、有公信力的第三方机构的估值结果作为确定该类债券确定公允价值的基础；2013 年开始，人民银行采用中债估值作为银行间债券市场异常交易监测基准；2014 年，中债估值中心成功举办首次亚洲债券估值国际研讨会，为亚洲债市间互联互通及信息合作提供铺垫，提升了中国估值行业在亚洲债券估值领域的话语权、主导权。2015年，中债估值中心首次为银行间发行的外国主权政府债估值，提升了中国估值行业在债券估值领域的话语权、主导权。

在该阶段，中债估值取得了长足发展。2013年起，中债估值实现境内债券估值全覆盖，估值债券突破万只。2014年起，中债估值中心根据银行业理财登记托管中心有限公司的登记信息，为理财直接融资工具以及银行理财投资的非标准化债权资产逐日提供估值，每日估值数量超2万条。

（三）中债指数

中债指数持续不断丰富产品种类，积极探索创新，从债券类型、信用等级、加权方式、区域分布、待偿期限等角度研究开发不同类型产品，同时也为市场成员提供个性化的持仓指数和定制指数编制服务，以满足不同类型机构的使用需求。中债指数旨在客观且多角度地反映中国债券市场的走势情况，同时为投资者提供债券投资业绩评估、归因分析、挖掘投资价值的重要工具。中债指数每日公开发布1000余只，可分为总指数族、策略型、绿色系列债券等12个指数族系。2014年，先后在香港交易所、纽约证券交易所挂牌上市跟踪中债指数的首只RQFII-ETF和中国债券ETF产品。2015年，中债指数进一步推出投资者分类指数，可作为精细化的业绩评价分析工具，用于业绩横向比较。

（四）中债VaR值

2011年起，公司开始发布中债VaR（Value at Risk，风险价值）系列指标。中债VaR揭示了在一定概率水平下，某一只债券或者债券组合在未来持有期内的最大可能损失。中债CVaR（Conditional VaR，条件风险价值）反映的是超过最大可能损失后的平均损失。对于计算日所有发布中债估值的单只债券，均同时提供该债券的VaR/CVaR指标值，以反映百元面值下该债券在未来持有期内给定置信水平的 VaR 和 CVaR 指标数值。

中债 VaR/CVaR 为债券市场风险管理提供了有力抓手。中债 VaR/CVaR 可辅助银行类金融机构计算监管资本、度量和管理债券资产市场风险，可用于对债券投资业绩进行风险调整，同时对市场成员自建或外购软件计算的风险指标进行验证。此外，公司还实现了 VaR 计算云技术应用，提供 VaR 组合定制服务，有效促进了市场透明度和成熟度的提升。

（五）中债市场隐含评级

2008 年，公司推出中债市场隐含评级。中债市场隐含评级是对评级公司评级的补充，也是形成中债估值的中间产品。伴随利率市场化进程的加快，市场参与者对于利率风险防范的要求日益提高，进而促进了各类风险管理工具的发展与应用，为公司依托服务与产品创新，充分发挥风险管理平台的重要作用提供了有利条件。中债市场隐含评级—债券债项评级是从市场价格信号和发行主体相关信息等因素中提炼出的动态反映市场投资者对债券信用评价的评级指标，是生产中债估值的中间产品。中债市场隐含评级逐日发布，其与中债估值发布日相同，具体包括新发债券市场隐含评级的确认以及后续跟踪。在该阶段，中债市场隐含评级已覆盖所有在岸人民币信用类债券，每日发布 4 万余条。

中债市场隐含评级能够动态反映市场投资者对债券的信用评价，为债券市场提供发行人信用风险预警。中债市场隐含评级与评级公司采用不同的方法论，所以可以与评级公司评级结果相互校验。此外，对于没有评级公司评级的债券，公司也提供中债市场隐含评级，因此填补了评级公司评级的空白。中债市场隐含评级还可以为市场成员挖掘潜在投资机会提供有效参考工具。

（六）"我的统计"

公司积极响应号召，加快推进以收益率曲线为核心，以债券估值为主体，以个性化统计为手段的中债信息产品及服务方式创新。作为中债统计数据的核心组成部分，"我的统计"是为投资人建立的自身债券业务的专项统计报表，使用成员个体的数据，反映个性化统计情况，可用作业绩考核指标和业务专题统计。

针对投资人，"我的统计"提供招投标与承销统计、二级市场交易结算统计、债券持仓结构统计与持仓指数、债券投资业绩统计、债券投资风险监控统计、债券投资月度报表统计、柜台业务统计、结算代理业务统计、托管业务统计。针对发行人，"我的统计"提供一级市场发行基础数据统计、发行人付息兑付参考、发行及承销情况统计、二级市场交易和投资人持有结构统计。

同时，为顺应我国金融市场双向开放及人民币国际化趋势，公司多次组织赴国（境）外宣介信息产品，编写价格指标产品中英文宣传手册和英文版指数编制说明；积极践行"走出去"战略，加强售前推广和售后服务。

二、中债担保品业务激活债券市场

依托债券市场中央登记托管机构的职责，中央结算公司集中托管了国内市场最优质的担保品，并以此建立起中债担保品管理服务。自成立以来，中债担保品管理服务从政策层面高位起步，辐射延伸至政策调控、金融市场及各类要素市场交易的履约担保，构建起了全功能、全领域、全球化的担保品管理服务格局。

（一）自主研发担保品管理系统

2009年，担保品管理系统开始立项开发。为顺应市场发展需要，在对市场担保品管理业务需求开展调研的基础上，公司充分借鉴学习国外同行业经验，研究制订了担保品管理系统初步建设方案，并进入立项开发阶段，这是公司努力拓展核心服务功能、提高综合服务水平的一项重要举措。2010年，公司基本完成了担保品管理系统的开发建设，正式推出担保品管理服务，为投资者提供一站式的债券质押服务。担保品管理系统建设及相关工作取得明显进展。

中央结算公司还自主研发建成担保品管理服务系统，推出专业化、智能化、集成化的担保品管理服务，实现各类业务的参数化设置、债券自动计算、质押、解押、逐日盯市、自动增补、自动置换等功能，性能处于国际先进行列，日益成为金融市场流动性中枢和风险管理中枢。此外，中债价格指标为机构内部针对自身组合识别和计量风险提供了工具。中央结算公司在服务监管方面履行一线监测职能，强化统计监测指标体系和风险预警系统建设，努力为识别、度量、评估、防控市场风险状况提供有益工具。

公司不断创新核心业务服务。在认真履行本职的基础上，公司深入挖掘自身潜能，积极深化在现有业务基础上的服务内涵，不断做深做细核心业务，不断拉长公司业务价值链。政策支持服务方面，公司从2013年开始，相继为人民银行的常备借贷便利（SLF）、中期借贷便利（MLF）等货币政策提供全方位的担保品管理服务；2014年起建立担保品管理机制，支持各试点地区开展地方国库现金管理业务，为国家外汇管理局的外汇管理业务提供担保品管理服务，为人民银行大额支付系统自动质押融资及小额支付系统质押额度管理业务提供担保品管理服务等，保障金融体系稳定运转。市场化产品服务方面，公司自2015年开始，推出了社保基金管理质押服务，旨在助力全国及地方社保等专户资金管理机制的完善，保障社保资金的安全。

（二）担保品管理蓬勃发展

在此期间，债券作为担保品应用的广度和深度快速提高。2015年，公司配合试点地区开展地方国库现金管理操作，启动社保基金协议存款质押券管理业务，向金融及商品期货市场推广担保品管理服务取得突破，开辟了担保品管理服务新领域。截至 2015 年末，中央结算公司管理中的债券担保品超过 5 万亿元。其中，双边业务（包括回购、借贷、公开市场操作等）担保品余额超过 4.5 万亿元；中央及地方国库现金管理累计开展 4.5 万亿元，质押余额超过 6300 亿元；支付系统、外汇委托贷款及各类存款质押业务的质押余额约为 3000 亿元；此外还有国债期货的债券保证金应用。在中央结算公司托管的政府债券、央行票据、政府支持债券、政策性银行债等高等级债券是天然优质担保品，托管余额超 27 万亿元，为债券担保品应用发展提供了巨大空间。

中央结算公司开发建设了多功能、跨市场、国际化的担保品管理服务体系，为管理部门及市场机构提供一站式的担保品管理服务，实现了担保品运作的规模效应。与此同时，中央结算公司通过担保品管理，有力推动债券市场与衍生品市场、大宗商品市场，不同交易场所之间以及境内与境外市场在基础设施方面的深度融合。2015 年，中央结算公司与中国金融期货交易所联网合作，在中国期货市场首次启动债券充抵期货保证金制度。

三、高效监测保障债券市场

2009—2015 年，我国债券市场发展迅猛，交易规模快速扩大。面对统计监测工作中的新挑战和新要求，公司着力推动"大监测"体系建设，坚持以完善统计监测分析能力、防范化解风险为目标，认真履行市场一线监测职能，持续完善协同机制，统计监测工作更加规范统一。

（一）积极服务市场监管

债券市场的快速发展对交易管理提出了更高要求。根据中国人民银行有关要求，公司忠实履行债券市场交易结算监测与管理职能，在规范债券市场交易行为、防范系统性风险、维护市场参与者合法权益、促进债券市场健康发展等方面，践行着中央登记托管机构的责任与担当。

2010年，公司正式上线运行债券业务实时监测系统，拟定《业务监测管理办法》。同年，公司配合中国人民银行引入三类境外机构进入银行间债券市场工作，拟订《银行间债券市场境外机构额度监测方案》，承担起对境外机构投资者在银行间债券市场债券结算业务的监测工作。此外，公司还着重加强对DVP资金结算情况的日间监控，促进DVP结算业务健康运转。

2011年中国人民银行第3号公告提出进一步完善全国银行间债券市场交易管理，公司认真落实有关要求，加强对全国银行间债券市场交易结算的日常监测与管理，发现异常情况及时处理，并向中国人民银行报告。次年，公司提供的有关社会融资规模数据被纳入中国人民银行发布的《2012年金融统计数据报告》。在强化服务监管方面，公司初步构建起综合性业务监测分析体系，加强对异常交易行为和境外机构债券投资情况的分析，不断完善市场动态反馈和分析报告机制。

2013年是债券市场"规范年"，银行间市场经历了清理规范、流动性波动等重大事件。公司紧扣主管部门要求，深化监测服务，认真履职尽责，配合完成多项工作。一是协助开展市场清理规范工作，全面梳理各类账户数据，制订丙类户清理方案并开展规范清理；根据主管部门要求约谈相关机构，回退违规交易；配合主管部门、公检法等有权机构依法合规提供有关数据信息。二是配合开展市场制度规范研究，完成结算代理业务检查方案及协同监测银行间市场交易建议方案。三是按照当年中国人民银行第8号公告的要求，落实监管部门常态化市场规范要求，建立债券发行监测分析协调机制，实现债券借贷数据直通式处理以及对违规结算指令的预检控制；修订《债券账户业务指引》，强化开户材料要求，细化开户办理流程，拟定非法人产品账户管理规程。四是开展市场流动性专项监测，每日整理报送市场动态。此外，公司进一步加强柜台业务日常监测，研究分析储蓄国债（电子式）发行及提前兑付情况，为主管部门提供决策支持。

除办理应急结算、监测异常交易、报送监测情况、发布重要公告等日常业务外，公司还深入开展交易延时、前后台数据交换等专题研究，完善应急结算服务机制，加强日常监测分析与管理。2015年，公司积极落实国家发展改革委有关要求，构建信用违约风险监测防护网，建立了一整套企业债券本息兑付风险排查工作机制。当年完成1728只企业债券的风险排查工作，及早发现企业债券兑付风险，有效避免兑付违约事件发生，在维护债券市场安全稳定、保护投资者合法权益上发挥了关键作用。

（二）深入推进监测系统建设

2010年3月，公司债券业务实时监测系统正式上线运行。由此，系统业务运行状况得到实时掌握，应急响应再次提速，市场监测如虎添翼，公司风险预警管理能力进一步提高。

此后，公司着力推进统计操作向统计分析转型。为贯彻《债券统计制度》和外汇管理统计管理要求，公司深入研究债券市场统计分析问题，完成相关系统建设和历史数据补充采集工作，实现多类监管报表的自动化生成和推送。

同时，公司统计监测工作也逐步由单一的债券资产向全方位的金融资产延伸。比如公司建设的理财统计系统，是理财市场大数据自动加工、分析与监测系统，具有基础数据服务、市场监测、研究分析等功能。该系统包括固定报表系统和智能统计系统，其中固定报表系统含9大类32组报表，可通过要素组合生成上万种不同报表。

（三）建成信息发布集合平台

在做好统计监测工作的同时，公司凭借自身专业优势和数据富集资源，在建设市场信息发布平台上倾注了大量心血。

公司运营的中国债券信息网作为中国债券市场的专业化信息平台，是债券发行人信息披露指定渠道以及市场参与者获取业务信息的主要途径。2014年，为进一步提升信息披露工作质效，公司按照《债券统计制度》的要求，利用信息自助披露系统和客户端系统增加了发行人和投资人数据收集模块，生产发布符合制度要求的标准化数据。同年，公司在中债综合业务平台上线"地方政府债发行人'我的统计'"服务。

此外，随着银登中心、理财中心相继成立，公司网站系统形成了以中国债券信息网（http：//www.chinabond.com.cn）、银登网（http：//www.yindeng.com.cn）和中国理财网（http：//www.chinawealth.com.cn）为标志的系列品牌。在主管部门指导和社会各界支持下，秉持诚信、责任、服务的工作理念，公司致力于打造权威、及时、全面的高品质信息发布平台，为推进信息披露、保障市场主体权益积极贡献力量。

第三节　信息技术系统建设与治理深入推进

信息技术（IT）系统是公司开展业务的基本保障，也是提升核心竞争力的重要基础。在主管部门的正确领导和市场成员的大力支持下，公司基于最先进的信息技术，运用大数据理念和互联网金融思维，建设安全便捷、扩展灵活的业务系统平台，为市场成员提供安全、便捷、可靠的无纸化专业服务。

2009—2015年，公司大力推进"两个转型"，在IT领域积极响应新变化。公司坚持"业务驱动、技术引领"原则，实施IT综合治理，深入开展前沿研究，不断加强IT领域决策、实施、评价等方面的控制和管理，保障系统安全稳定运行。安全性方面，公司系统达到公安部评定的信息安全保护等级三级，与中国现代化支付系统同一等级。认可度方面，中债综合业务平台、中债价格指标系统分获中国人民银行银行科技发展一、二等奖。

一、开展 IT 综合治理

在 2011 年度公司风险防控工作动员会上,公司领导强调:"一手抓好业务发展,一手抓好风险管理,两手都要硬。特别是在业务发展比较快的时期,更应该下大力气防范风险。公司作为服务中国债券市场的中央登记托管机构,职责重大。全面加强风险管理,既是践行公司'为中国金融市场提供安全、高效、专业的基础服务'之使命的具体体现,也是维护债券市场繁荣稳定,进而维护国家金融安全的需要。"

IT 治理是平衡公司创新发展与风险防范,确保实现公司发展目标的基础性工作。2011 年,公司通过并实施 IT 五年规划。此后,公司采取多种措施增强 IT 管控能力,提升 IT 治理水平。一是完善组织架构,强化宏观技术架构分析能力,同步细化技术部门岗位设置,实现专职专岗。二是加强需求管控及项目管理,实现全部需求统一入口、统一追踪管理,做到资源安排和开发实施的自主管理。三是不断优化落实质量保证流程,组织项目技术评审,开展文档交付审核,及时发现并跟踪解决系统质量问题。四是细化发布管理,梳理部署环节,大幅提高上线效率和环境搭建集成能力。

2014 年,公司从战略高度成立信息技术委员会,统领 IT 全面规划与管控,以保持 IT 与业务发展相互促进。由此,公司 IT 综合治理全面启动,主要内容包括软件质量、数据治理、信息与系统运行安全三大治理主题,提出力争经过 3~5 年时间,逐步建立起 IT 建设与 IT 治理并重的长效机制,进一步提升 IT 支持与促进公司发展战略实现的核心能力。

在此基础上,公司先后启动信息安全体系规划、数据标准化、应用全生命周期管控规划、业务架构规划四项专题研究。在先进方法论和业界最佳实践的指导下,公司经过现状调研、评估分析、规划设计、落地实施等流程,对 IT 体系形成了清晰认识,就 IT 战略定位、组织结构、制度流程等提出了设计方案，为下一阶段技术和业务融合以及可持续发展战略奠定了坚实的基础。

二、紧盯 IT 发展前沿

在 IT 系统建设优化过程中，公司始终坚持高起点、高标准，密切跟踪、学习、研发 IT 前沿技术，用较短时间实现了从跟跑到领跑的重大跨越。ODS（操作型数据库）顺利上线，标志着公司信息系统基础平台、数据架构和数据标准化建设取得重要进展。公司还着力引进虚拟化等一批新技术，自主完成国内首个 AS400 虚拟化系统建设；价格产品系统云平台上线，实现了 VaR 计算云技术应用，提供 VaR 组合定制服务。

2015 年以来，公司以互联网金融为目标，同步推进 IT 系统发展方向研究及新技术应用；试点"互联网+"思维的快速部署，研究大数据存储检索，打造全新前端框架和服务框架，参与修订多项国家级金融标准；满足安全可控要求，形成覆盖核心架构的技术规范，实现本地存储双镜像技术投产，开展基于开源技术的应用试验。

三、推进债券业务系统建设

2009—2015 年，公司债券业务系统建设加速推进，实现全过程项目管控。一方面开发建设公司重点项目系统，另一方面快速响应现有各类系统的日常改造。在此期间，公司着力打造基础技术平台组件和服务，设计开发系统直联、文件传输、报文转换和报表服务等通用系统平台，建成各类场景的桌面和服务器虚拟化环境，高效支持业务测试和办公管理需要。同时，公司完成了柜台中心系统、新一代客户端、证券管理及付息兑付系统、新一代发行服务平台、综合业务系统、客户管理系统（二期）、系统直联等一大批项目工作，系统功能更加完善，运行效率持续提升。

一是构建并完善簿记建档发行服务系统。2010年，公司开发了簿记建档发行服务系统（一期），配合主管部门支持四个试点省市顺利发行地方政府债券；同时，设计开发国债招标系统承销发行子系统，为地方政府债定向承销及债务置换工作顺利开展奠定坚实的基础；实现资产支持证券和金融债券首次使用公司系统及场地以簿记建档方式发行。

二是深化企业债券市场服务能力。2011年，公司开发并上线运行非金融企业债券招标发行系统，为非金融企业发债融资提供了有力的技术支持。2015年，公司落实国家发展改革委《项目收益债券管理暂行办法》和专项债券有关业务指引，支持首只非公开发行项目收益债簿记建档发行。同年4月，广州证券和东兴证券通过公司深圳客户服务中心成功簿记建档发行了15海丰债和15巢城投债。

三是高质量完成储蓄国债系统改造。2009年，公司根据财政部和中国人民银行储蓄国债改革的总体部署，按计划完成了柜台中心系统、柜台通讯系统和簿记系统改造，全力配合主管部门完成试点银行系统验收和技术业务培训。2015年，根据财政部和中国人民银行关于储蓄国债（电子式）系统改造项目的工作部署，公司与41家承办机构密切配合，圆满完成财政部储蓄国债（电子式）业务管理信息系统上线工作，新系统业务衔接正常，运行稳定。

四是开展监管适应性建设和改造。2009—2015年，公司按计划完成了信贷资产登记转让系统、理财信息登记系统、质押品管理系统、二代支付系统配套升级等重点项目；实现与上海证券交易所系统对接并交换数据，互联互通进入自动化处理阶段。在国债发行招投标系统中增加国债承销团成员需求报送功能，帮助主管部门更好地了解市场需求，促进短期国债顺利高效发行。此外，公司还适应性改造了人民银行公开市场操作和国库现金管理业务系统的部分功能。

四、科学构建"两地三中心"格局

2009 年,公司开展了"两地三中心"研究和规划工作。《中央债券综合业务系统突发事件处置预案》的业务预警响应机制进一步完善,公司按照灾难恢复体系有关要求建立了新数据中心,债券系统应急管理能力进一步提升。次年,公司建成并正式启用北京新数据中心,"两地三中心"体系初步建成。

此后,公司完成数据中心迁移,克服困难推进同城备份中心建设,并制订灾备中心建设实施方案,完成灾备中心系统集成工作,实现全部业务系统同城备份,以及核心业务系统同城、异地双备份,公司系统安全等级全面提升。

五、坚持服务市场导向

公司 IT 建设改造始终坚持服务市场导向,为广大市场成员提供安全、高效、专业的系统支持。

一是新一代客户端成功上线。2010 年 10 月,公司新一代客户端正式上线运行,在功能上具有更强的兼容性,为客户提供更完善的服务渠道和更人性化的服务界面,成为公司服务的集成窗口和形象窗口。

二是信息化建设持续深入。服务发行人方面,公司建成电子开户系统,非法人产品可通过托管人、境外机构可通过结算代理人在线提交开户申请材料,实时查询办理进度;此外,信息披露实现由手工操作到电子流程的跨越,发行人信息披露的便捷性和工作效率明显提高。服务投资者方面,建设统一语音查询平台,以中央登记托管机构的权威和专业,更好地保障投资者权益;市场成员与公司联网渠道进一步完善,3G 联网接入全面推广;中债网络培训平台(http://el.chinabond.com.cn)正式上线,线上线下相辅相成,培训效率大幅提高。公司紧密围绕主营业务,发挥网络培训与现场培训相结合的优势,创新客户专题培训服务。在此期间,公司累计培训2万余人次。

六、实现业务系统自主可控

公司管理和运营的业务系统属于国家金融市场基础设施。因此,公司一直以来非常重视对业务系统的自主可控,坚持IT架构自主设计建设、业务系统自主开发、知识产权自主掌握、IT基础设施自主设计管理的工作思路,实现了业务系统自主可控、核心系统自主运维。

2009—2015年,公司进一步加强自主知识产权的保护和掌控,作为"国家队"深入贯彻主管部门应用安全可控信息技术的工作要求。一是坚持采用国产化应用产品,实现核心系统均自主掌握源代码和知识产权。二是坚持数据中心、系统建设等技术基础设施自主规划设计、自主建设、自主管理。三是在国外产品和解决方案在金融行业中占比较大的环境下,公司一直坚持对国产产品的跟踪、研究和应用。

七、全面加强系统运维管理

随着市场快速发展,公司系统运维工作量与日俱增。面对新形势,公司多措并举确保系统运维有序高效。一是基于"两地三中心"格局,不断加强运维监控系统和应用管理平台的建设与完善。建设运维中心,实现运维管理流程电子化,不断增强应用系统监控能力。二是高度重视防范化解金融风险,强化信息安全保障。中央债券综合业务系统、中债价格指标产品系统、中债统计系统和中国债券信息网安全等级定级保护工作圆满完成,顺利通过主管部门多次安全检查;系统上线稳定,应急处置预案不断完善,模拟演练不断加强。三是进一步完善运维机制。建立四级运维事件响应机制和问题追踪机制,定期发布运维报告提示运行风险,实现运维工作的集中化、标准化、工具化和自动化。

第四节　国际交流合作再上新台阶

2009—2015年，公司深入实施国际化战略，布局金融开放前沿，统筹考虑人民币债券在岸市场和离岸市场，围绕跨境发行、结算、担保品管理、信息合作等重要业务主题，以能力建设为支撑，有序推动国际化服务由点及面。以此为基础，公司着力打造与人民币全球地位相适应、跨境互联、辐射全球的国际一流金融基础设施，不断提升国际竞争力和影响力。

一、抓机遇布局沪深

2015年7月，公司在上海客户服务中心的基础上，于上海自贸区注册成立全国首家分公司。公司抢抓上海国际金融中心建设和自贸区金融开放创新试点契机，坚持市场化、国际化导向，将上海分公司作为改革、创新、发展的前沿阵地，承载公司战略实施、业务拓展和人才培养的重要使命与任务。成立伊始，上海分公司便致力于打造人民币全球债券发行中心、人民币全球债券结算中心、全球人民币担保品管理中心，推动建设与公司重要金融基础设施地位、上海国际金融中心特色相适应的上海总部功能。

2015年4月，公司深圳客户服务中心正式运营，成为继上海客户服务中心后，公司助力全市场对外开放的又一重要窗口。深圳客户服务中心依托深圳金融中心地位，借助前海深港合作区的"东风"，使公司服务效能进一步提升，服务半径进一步延伸。在推进市场对外开放的同时，助力公司为境内外投资者提供更便捷、高效、贴心、多样的服务。

二、深入开展国际合作

在国际交流合作中,公司始终以服务大国金融为使命,围绕人民币国际化和资本市场开放,推动跨境业务合作、产品境外使用和国际交流,靠拢国际托管结算先进标准,加大自身在国际组织中的话语权,努力提升我国资本市场和金融基础设施的国际竞争力和影响力。

一是扩大境外同业"朋友圈"。2009—2015 年,公司着力从国际化研究向拓展转型,加强与境外同业的务实合作,形成定期交流机制,推进公司跨境业务方案成熟落地。在此期间,公司与俄罗斯、土耳其、希腊、日本、印度尼西亚等国家,以及中国香港、中国台湾等地区的金融基础设施管理机构签订合作备忘录,与欧洲清算银行开展人员交流培训,赴多国考察、交流、学习。2015 年,在主管部门的支持和指导下,公司紧紧抓住中韩高层访问、两国贸易金融合作深化的政策机遇,与韩国中央托管机构密切沟通,就建立"渐进、平衡、透明、灵活、高效"的"中韩债市通"达成共识,被写入李克强总理访韩的金融合作声明。

二是从迈入国际平台到走向舞台中央。中国债券市场的迅速发展与公司高起点高标准的出色工作,让越来越多国际组织机构竖起大拇指,"中国方案"与"中债智慧"的全球影响力与日俱增。2010 年,公司根据主管部门统一安排,按照国际货币基金组织和世界银行"金融部门评估规划"(FSAP)评估工作要求,配合完成了我国场外市场债券结算系统评估,公司的价值和成果得到国际社会充分认可。2011 年,公司与亚洲开发银行联合主办亚洲债券市场论坛,来自亚洲开发银行、东盟"10 + 3"国家和地区的 130 余位政府官员、行业代表和国际专家出席会议,这是此论坛第一次在中国召开。2014 年,公司作为亚太中央托管组织(ACG)成员,首次在西安成功举办第十八届 ACG 大会。会议发布了《西安倡议》,这是 ACG 组织自 1997 年成立以来发布的首份倡议文件。

三、境外央行债券交易实现 DVP 结算

2010 年末,中国人民银行制订《境外央行投资银行间债券市场试点工作的总体方案》,确定由中国人民银行代理境外央行进行债券交易。由于当时境外央行尚不具备 DVP 结算条件,其业务一直由中国人民银行上海总部采用见款付券或见券付款方式代为办理,结算效率较低;同时,境外央行付息兑付业务也由公司手工逐笔划付完成,资金拨付效率较低、操作风险较大。

2015 年 7 月,中国人民银行发布《关于境外央行、国际金融组织、主权财富基金运用人民币投资银行间市场有关事宜的通知》,银行间市场对外开放力度进一步加大,人民币加入 SDR 货币篮子也同步紧密推进,向境外央行提供符合国际标准、更为安全高效的结算服务和付息兑付服务的迫切性愈发凸显。为此,公司在中国人民银行的指导下,深入研究债券交易各参与系统的功能特点和交易流程,全力推进境外央行 DVP 结算及付息兑付自动化处理,并于当年 11 月 25 日正式上线。2015 年,公司实现 34 家境外央行 DVP 结算及付息兑付即时转账处理,提高了产品类账户 DVP 资金结算效率,公司累计完成 DVP 资金结算 870.2 万亿元,同比增长 90%。

由此,境外央行债券交易券款对付(DVP)结算正式实施。境外央行经中国人民银行批准以特许间接参与者身份在支付系统开立清算账户,债券结算由公司向大额支付系统发起即时转账报文,大额支付系统直接对该特许参与者账户进行资金结算。境外央行债券交易结算效率大幅提高,标志着银行间市场人民币债券交易全部实现 DVP 结算。

四、积极开展境外客户专项服务

2009—2015 年,在国家政策导向下和债市蓬勃发展的大背景下,

公司积极服务债券市场对外开放大局，下大气力做深、做细、做实境外客户专项服务。在此期间，公司联合境内外机构，在多国举办中国银行间债券市场境外投资者推介交流会，拜访境外央行、市场中介机构、境外投资者和中资银行海外分行，全面介绍我国银行间债券市场情况。此外，公司还通过参加中国国际金融展、组织召开境外投资者座谈会等多种形式，向境外投资者宣介政策、了解需求。在此基础上，公司组织编写了《境外机构投资者业务指引》，修订《客户服务协议》，为境外投资者入市提供多元化综合服务。

2015年，人民币跨境支付系统（CIPS）一期上线，大额支付系统相应延长运行时间。为有效满足大额支付系统与CIPS参与者的流动性需要，公司在中国人民银行的指导下，完成了支付系统延时配套改造，延长自动质押融资业务系统运行时间，实现自动质押融资机制在大额支付系统运行时间全覆盖。同年，公司会同全国银行间同业拆借中心、上海清算所，按照统一提交材料、简化办理流程、明确办理过程的原则，制定并发布了中英文版《相关境外机构投资者进入银行间市场联网和开户操作指引》，境外央行、国际金融组织、主权财富基金等境外机构投资者在银行间债券市场开户、联网等业务更加清晰便捷。

五、信息产品境外应用取得突破性进展

2015年11月30日，国际货币基金组织（IMF）执董会决定将人民币纳入特别提款权（SDR）货币篮子。人民币在国际化道路上迈出了具有里程碑意义的一步，成为继美元、欧元、英镑、日元之后的第五种特别提款权货币。IMF同时宣布，选取公司编制的人民币国债3个月期收益率作为人民币短期债务工具代表性利率，以计算SDR货币篮子加权平均利率。IMF对该利率给予高度评价，认为其能整体反映在岸人民币债券市场信用水平变化，最适合作为人民币计价的基准利率。

同年，公司成功举办亚洲债券估值国际研讨会，美国、韩国、马来西亚、印度尼西亚、泰国等国债券市场主要估值机构，以及国内从事估值业务的机构代表参会，公司在国际债市估值领域的影响力和话语权进一步提升。

此外，中债指数因在价格走势表征、宏观经济预测、债券投资组合业绩评估和指数化投资产品跟踪标的等方面的出色表现，在境外市场得到多方位应用。2014年2月，以公司中债—5年期国债指数为标的的南方东英中国五年期国债ETF在香港上市。该产品是全球首只中国国债RQFII ETF，打破了以往RQFII制度下国际投资者主要通过投资股票产品参与中国证券市场的局面，填补了ETF市场中投资在岸人民币国债债券产品的空白，并率先为国际投资者开辟了投资中国资本市场的全新渠道。同年11月，纽约证券交易所成功上市发行美国市场首只专注于中国债券的美国范达全球（Van Eck Global）ETF产品。该ETF跟踪公司中债—中国高等级债券指数，为美国投资者开辟了投资中国境内人民币债券市场的新渠道，进一步丰富了RQFII产品类型，成为人民币债券市场国际化的又一里程碑。

2015年，韩国KIS公司在韩国证券交易所上市发行韩国市场上首只债券类型ETN产品，该产品跟踪公司编制发布的中债—5年期国债指数。同年，瑞士资产管理公司Pictet采用中债—综合指数作为业绩基准，发行了可在欧洲多个国家和地区发售的UCITS基金。

六、勇做中国债市开放发展探路者

在推动我国债券市场对外开放的征程中，公司秉承"研发立司"的理念，发挥"中债智慧"，深化基础研发与前沿理论创新，为迎接债市开放做好准备。

一是高质量完成技术援助项目。2012年，公司受主管部门委托，完成世界银行技术援助项目"建立完善的中国国债二级市场",描绘了未来10年中国国债市场的发展路线图,被世界银行誉为中国技术援助项目的标杆。2013年,公司完成亚洲开发银行技术援助项目"完善地方政府专项债券市场",为我国地方政府专项债券市场的建设与发展奠定了坚实的基础。

二是深入探索国际化背景下的债市改革思路和业务推进措施。2009—2015年,公司深入推进"人民币国际化背景下的中国债券市场发展""境外机构入市服务"等研究,建言亚洲债券公共结算平台建设事项。与国务院发展研究中心合作的课题"人民币国际化背景下的中国债券市场发展"系统梳理了债市开放中的关键问题,形成《债市开放应对措施》和《境外机构入市服务》两份重要报告。在此期间,公司还初步形成了境外客户借助香港交易所投资境内债券市场的可行性方案。

三是及时研究国际市场前沿热点问题。公司跟踪参与亚洲债券市场论坛(ABMF)和跨境结算基础设施论坛(CSIF)等国际多边研究机制,跟踪研究国际金融基础设施标准,制定跨境结算风险综合评估框架,公开披露国际证券结算标准达标情况。此外,公司还就我国银行间债券市场扩大开放战略路径、亚洲基础设施投资银行融资方案等积极建言献策。

第五章

中央结算公司业务跨越式发展

(2016—2020年)

第五章 中央结算公司业务跨越式发展（2016—2020年）

2016—2020年，中央结算公司立足金融市场基础设施服务职能，稳步推进"多元化、集团化、国际化"发展战略，全面深度参与债券市场创新发展，深化互联互通。公司构筑了多层次现代立体管理架构，推动价值延伸，拓展职能维度，实现了由单一的债券登记托管向全方位的金融资产登记托管、由单一对接银行间债券市场向对接多个金融市场的"两个转型"。中债新一代综合业务平台（以下简称新一代系统）三年磨一剑，成功上线运行。公司积极践行"中债方案"，为债券市场开放提供全面支持保障。公司重要金融基础设施地位进一步凸显，服务市场、服务监管的能力进一步提升。

第一节 聚焦主业 服务国家战略大局

作为提供金融基础设施服务的中央金融企业，中央结算公司以建成世界一流金融基础设施为目标，围绕监管重点，履行使命职责，聚焦债券主业，推动业务创新，有效支持了宏观政策实施、实体经济发展和金融市场改革。

一、支持宏观政策实施，服务国家战略大局

公司发挥国家宏观政策核心实施平台作用，为货币政策、财政政策、产业政策实施提供有力支持，为公开市场操作、政府债券发行、中央及地方国库现金管理、企业债券全生命周期管理提供专业高效的支持服务。

（一）在支持货币政策方面，公司为人民银行公开市场操作以及一系列货币政策工具提供高效的系统与操作支持

公司有力支持了人民银行常备借贷便利（SLF）、中期借贷便利

（MLF）、定向中期借贷便利（TMLF）、支农/支小/扶贫、央行票据互换等一系列新型货币政策工具的实施，提供全方位的债券担保品管理服务，为货币政策的精准调控提供抓手。2016—2020年，公司累计支持人民银行开展公开市场操作超145万亿元。其中，2020年支持人民银行开展公开市场操作15.1万亿元；支持创新工具投放操作15.1万亿元，创历史新高。

2020年初，新冠肺炎疫情暴发。公司党委领导坚守一线，党员干部、业务技术骨干逆行集结、连续奋战，采取系统日期回退、手工调整、生产灾备系统切换验证等措施，精准完成数据调整和业务验证，奋力确保2月3日债市开市平稳运行，全力支持开市首日货币政策实施传导、债券市场正常运行以及金融机构流动性管理。当日公开市场操作量和付息兑付业务量均创中国金融市场历史新高。2020年全年支持人民银行创新直达实体经济的货币政策工具实施，全力支持再贷款、再贴现政策落地，维护市场流动性合理充裕，对于缓解疫情冲击影响、支持疫情防控工作、保障经济平稳运行起到了积极作用。

（二）在支持财政政策方面，公司全面支持国债市场健康发展，综合提升地方债服务水平，支持中央和地方国库现金管理，有力配合了财政政策实施和金融改革推进

2016—2020年，公司累计支持政府债券发行超45万亿元。2020年，支持国债发行7万亿元，同比增长75%；支持地方政府债发行6.4万亿元，同比增长47.7%；支持中央国库现金管理操作2800亿元、地方国库现金管理操作3.7万亿元。公司有力配合市场改革创新的推进，支持首次弹性招标、地方政府债首次公开承销与集合发行；支持首单雄安新区债发行，推动地方政府债柜台业务创新试点和储蓄国债随到随买业务落地；启用地方政府债发行窗口选择系统，有效提升发行效率。此外，公司支持各试点地区开展地方国库现金管理业务，通过建立担保品管理机制，帮助地方财政部门有效管控风险，为国库资金的安全保驾护航。

2020年，公司全力支持抗疫特别国债发行，为高效筹措财政资金贡献了中债力量。2020年6月，财政部启动抗疫特别国债的发行工作。这是我国历史上第三次发行特别国债，不同于前两次主要采取定向方式发行，此次特别国债全部采取市场化方式发行。6月15日，财政部公布第一期和第二期特别国债发行文件，公司依托成熟的发行业务服务体系、安全稳定高效的技术系统和专业完善的技术服务团队，在位于金融街10号的办公总部和位于月坛中心及陶然亭地区的备用发行室双线准备、两地办公，为抗疫特别国债发行提供全流程技术支持服务。6月18日10时35分，第一期抗疫特别国债招标准时开始；11时35分，招标截止，5年期和7年期品种投标倍数分别达到2.50倍和2.76倍。7月30日11时35分，在中央结算公司的发行室，随着财政部国库司司长按下本次特别国债最后一期"确认中标"的按钮，历时一个半月、16场次、总额1万亿元的抗疫特别国债发行工作顺利收官。

（三）在支持产业政策方面，配合注册制改革，成为企业债券法定受理审核机构，稳步推进政府出资产业投资基金登记，服务社会信用体系建设

2016—2019年，作为企业债总登记托管人及发行审核的第三方技术评估机构，公司在国家发展改革委指导下规范高效开展企业债券服务工作，开发建设企业债券信用档案信息系统，完成全国发展改革系统融资政策巡讲，组织企业债券主承销商信用评价工作，并支持首只绿色企业债和首只项目集合债成功发行。2020年是企业债券注册制改革元年，作为唯一的受理机构和指定的审核机构，公司紧扣注册制宗旨，强化信息披露的核心理念，成立中债企业债券服务中心，开展配套制度建设，大幅简化流程材料，成功上线企业债券受理审核系统，发布《企业债注册发行业务问答》，通过京沪深三地协同，主动面向客户提供全方位、专业化的服务，有效满足优质企业的融资需求，传递改革新红利。2020年全年申报受理规模超1.5万亿元，资金投向覆盖基础设施、绿色产业、安居工程等多个关键民生领域，有效支持京津冀协同发展、长江经济带发展、粤港澳大湾区建设等国家重大战略，彰显服务实体经济的强大生命力。

2017年，根据国家发展改革委的授权，公司开发建成"全国政府出资产业投资基金信用信息登记系统"，承担产业基金的登记确认、数据保管和统计分析等职责，初步打造科学完备的产业基金绩效评价方案，有序推进基金风险排查任务，持续做好跟踪复查和督促整改，全力推动产业基金市场健康发展。此外，按照党中央、国务院关于加强社会信用体系建设的任务要求，在国家发展改革委的指导下，公司与国家信息中心签署信用信息共享合作备忘录，持续推进企业债券市场信用体系建设，建成并运行企业债信用档案信息系统，形成资源充足的信用行为信息数据库，并自2016年起连续5年开展主承销商年度信用评价工作，在企业债券市场营造"尊崇守信、激励诚信"的良好生态。

二、提升债券核心服务效能，支持经济高质量发展

五年间，作为债券市场核心运行平台，公司聚焦主业，忠诚履职，锐意进取，全面提升债券核心服务效能，持续为大国债市保驾护航，助力资金通过债券市场进入基础设施、科技创新、脱贫攻坚、民生建设、区域发展等重点领域，充分发挥金融支持实体经济的作用。

（一）在发行业务方面，持续优化系统建设，实现京沪深三地协同运作，成为我国最大的直接融资服务平台

公司支持公开承销、置换招标、弹性招标、远程发行等发行方式创新；支持各类发行主体创新，激发一级市场活力；支持政府债券、政策

性金融债柜台发行；坚持贯彻新发展理念，探索支持绿色债券、浮息债券、扶贫专项金融债、市场化债转股专项企业债、资本补充债券等债券品种创新，助力企业融资，提升银行"造血"功能。2016—2020年，公司累计支持各类债券发行超过1.5万期次，发行规模超78万亿元，较"十二五"时期增长129%。支持储蓄国债（电子式）、记账式国债、地方政府债、政策性金融债柜台发行总量超1.42万亿元，同比增长55%，在为各类债券发行提供稳定畅通的零售渠道的同时，也丰富了社会公众的投资选择。

（二）在托管结算方面，公司托管结算量稳健增长，"中央登记、一级托管"机制有力保障了债券市场高效安全运行，银行间市场全面实现DVP结算

截至2020年末，中央结算公司债券托管量超77万亿元，较2015年末增长120%，占银行间市场总托管量的74%，品种涵盖国债、央行票据、地方政府债、政府支持债券、政策性金融债等利率类产品，以及金融债、企业债券、信贷资产支持证券等信用类产品。五年间，中央结算公司办理债券付息兑付超46万亿元，较上一个五年增长89%；债券结算量超6000万亿元，较上一个五年增长174%；2020年末服务机构投资者近3万户、柜台市场投资者近2800万户，较2015年末分别增长183%和34%。

2020年，面对突发的新冠肺炎疫情，公司深入贯彻人民银行、银保监会、国家发展改革委等主管部门精神，推动业务模式创新，全力投入疫情防控阻击战。公司落实鼓励全流程、全链条线上操作、提升服务保障能力等相关疫情防控要求，在近年簿记建档发行服务经验的基础上，开发上线簿记建档远程发行新功能，通过更加灵活高效的服务模式，以及后续登记托管环节数据不落地传输，有力支持了多只债券产品远程发行，有效提高了全流程电子化程度，进一步提升了簿记建档发行效率。公司配合主管部门，推出对受疫情影响的中小微企业提供流动性支持等政策，并采用新型信息手段提供"云受理"服务，将企业债服务向疫区倾斜落实，全年累计支持注册疫情防控债券近千亿元，支持湖北地区69家企业申报债券，规模逾千亿元。

三、加强市场风险管理，保障市场安全运行

公司以维护市场的安全稳定为己任，在所有业务服务模式的设计中始终贯穿风险防控的操作安排，并不断探索为市场建立更为丰富的风险管理机制。五年间，公司以构建国际一流金融基础设施为愿景，以国际证券结算标准、国家金融基础设施及重要信息系统监管要求为指引，通过聚焦重点、覆盖全面，进一步完善作为金融市场风险管理平台的服务功能，为监管机构和市场参与者管理风险提供有效支持，保障金融市场规范发展、稳定运行。2019年，中央结算公司在金融时报社"金龙奖"评选中获评"年度最佳金融市场风险管理服务支持机构"。

（一）不断健全风险管理体系

公司按照《金融市场基础设施原则》的要求，聚焦自身主要面临的运行风险和信息科技风险，以业务连续性为首要目标，以一系列明确具体的制度流程和责任清晰的组织分工为支撑，建立贯穿各层级的风险管理组织架构，扎实筑牢全面风险管理的三道防线，形成由战略层、控制层和执行层组成的稳健风险管理框架；持续完善全面风险管理组织、制度和文化，建立以职务授权和专项授权为基础的全面授权管理机制，持续提升公司系统开发运维和业务操作的规范化、标准化水平，确立相关业务最佳实践；为外部管理市场风险和系统性风险提供有效支持。2020年，中央结算公司进一步健全风险管理体系，制定发布《全面风险管理办法》，全面修订《业务操作暨风险管理手册》，开展系统应急事件事后跟踪整改工作；进一步加强业务连续性管理顶层制度建设，制

定发布《业务连续性管理办法》，完善授信合作保障机制；进一步完善授权管理机制，发布公司管理类事项授权指引，明确维护管理机制，发布新版系统权限管理规程。公司始终遵循国际国内标准和行业规范，持续推进以数据中心灾备恢复资源和业务恢复备用资源为主体的业务连续性体系建设。公司规划建设了京沪高等级高标准数据中心，两个"两地三中心"架构初步落地，数据中心灾备恢复资源基本建成，技术运维团队多地协同运作模式初步成形。公司已与工商银行、农业银行、中国银行、建设银行四大国有商业银行建立授信合作机制，为债券市场的安全、平稳运行保驾护航。公司风险准备金是为弥补因公司运营系统运行故障而造成的风险事故等损失，从年度净利润中提取的专项准备金，于每年年终按当年主营业务收入的20%且不超过当年净利润50%的标准计提，上限为20亿元，截至2019年末已到达规定计提上限。

（二）持续优化应急处置机制和流程

公司履行保障市场平稳运行的职责，从确保自身业务连续和代客应急服务保障两方面入手保障市场整体业务连续。确保自身业务连续方面，公司建立了事前预警、事中处置、事后改进等覆盖各环节的应急事件处置机制。在现有机制有效运转的基础上，启动应急管理制度修订工作，引入分级响应理念，持续优化应急处置流程，不断提升应急处置工作规范化和精细化水平。代客应急服务保障方面，公司坚持联合其他金融基础设施和相关市场参与者开展灾备切换、网络切换、系统切换等多类应急演练。由业务部门负责建立了代客应急机制，按场景提出预案并制定相应制度，密切关注市场情况，必要时向客户提供连续性支持服务以满足客户应急需要。

（三）积极履行一线监测职能

公司持续深化监管支持职能，全面加强市场风险监测。坚决贯彻落实中央全面深化改革委员会的要求，建立国债市场价格波动监测机制，强化统计监测指标体系和风险预警系统建设。在国家发展改革委的授权下，建设并试点推广国有企业债务风险监测系统，优化债券信用风险监测服务，落实产业基金风险排查。配合多个主管部门的监管要求，提供高频度、定制化统计报表，并持续发布债券市场风险监测报告、运行报告等；持续监测交易结算失败、回购风险、债券借贷及结构化发行等业务，为防范系统性、区域性金融风险提供依据和抓手。2018年起建立结算失败预警模型和市场风险指标体系，通过结算失败预警模型、资金兑付预警模型的开发，逐步实现数据驱动的自动化风险预警，风险应对反应速度明显提升；配合主管部门妥善完成风险事件处置。

（四）建立市场风险度量基准

公司持续丰富中债估值产品和中债风险管理指标体系，推出中债预期信用损失、中债市场隐含违约率等产品，为市场提供有力的风险管理手段。中国人民银行明确使用以中债收益率曲线为基础的中债估值作为银行间债券市场交易监测的基准，防范利益输送和异常交易。证监会推荐基金公司采用中债估值作为基金持有债券资产净值计算的基准，有效防范基金行业资产净值计算偏差带来的集中赎回风险，对基金行业的稳定发展起到了关键作用。此外，审计和司法判决领域也越来越多地使用中债估值作为债券资产相关的公允价值度量依据。2017年，中债估值被财政部采纳作为增值税计算中的债券买入价，有力地支持了营改增改革。2020年，中国保险资产管理业协会发布《保险资产管理产品估值指引（试行）》，明确保险资管产品可以优先使用中保保险资产登记交易系统有限公司和中债金融估值中心联合发布的第三方估值数据确定公允价值。2020年，公司每日估值条数突破10万条，已实现境内债券和中资美元债券估值品种全覆盖。

中债风险与合规产品旨在满足市场成员更加精细化的风险管理需求。2021年1月，中债估值中心发布中债市场隐含违约率，该指标基于市场信息及中债价格指标产品提供的反映未来一定时间内发行主体发生信用违约的累计概率，及时反映发行主体信用风险变化。2021年1月，中债估值中心发布中债流动性指标，该指标以成交信息、报价信息以及债券特征三个影响因子为基础，反映债券潜在交易活跃度，为市场机构开展流动性风险管理提供有力工具。2021年5月，中债估值中心发布中债关键利率久期，该指标以中债收益率曲线及中债估值为计算基础，反映债券价格对收益率曲线上特定关键期限点利率变化的敏感度，可用于单只债券或债券组合的利率风险评估。

（五）发挥担保品"金融市场稳定器"作用

担保品管理是金融市场流动性和风险控制中枢，不仅被誉为21世纪最安全的金融创新工具，也是最优质的金融风险管理工具。公司于2010年初将分散的担保品管理功能集中整合，正式推出了新一代担保品管理服务，于2016年6月设立中债担保品业务中心。五年来，公司不断深化担保品的风险管理功能，管理中的担保品规模2020年末突破15万亿元，在全球中央托管机构中居首位。公司担保品业务系统为市场机构提供包括逐日盯市（Mark-to-Market）、自动选择、优化配置在内的担保品管理服务，有效规避了风险敞口覆盖不足的风险，提高了担保品使用效率，有助于防范市场交易中可能存在的金融风险，并于2019年推出担保品违约处置服务，解决了困扰市场多年的痛点。与此同时，相继支持将担保品管理机制引入保险资金协议存款、银行同业存款、金融机构同业授信、贵金属交易、金融及商品期货保证金等领域以及金融保障基金行业，极大地提高了市场效率，降低了交易成本，为防范化解金融风险提供了保障，同时也有效支持了市场创新。

（六）全力保证信息系统安全

公司以系统安全运行为目标，建立了信息系统风险排查整治长效工作机制，持续开展信息系统风险排查，有效提升信息系统风险管理水平。作为国家重要金融基础设施系统和公安部三级等保系统，公司针对中债综合业务系统定期开展等保测评工作，按年度制订等保测评和整改工作计划，从物理安全、网络安全、主机安全、应用安全、数据安全、安全管理制度、安全机构管理、人员安全、系统建设管理、系统运维管理等方面严格按照等级保护要求进行系统建设和运维。公司持续完善IT各领域应急预案，2020年开展同城备份环境切换演练、本地高可用系统切换演练以及应急预案场景专项演练等应急演练40次，验证了连续性资源的可用性和应急预案的有效性。

四、履行社会责任，推进降费让利

自2017年起，中央结算公司通过前期研究、市场调研、量化测算、方案确定、落地实施等步骤积极推进降费工作。2020年1月1日，经监管部门批准，中央结算公司正式调降发行人发行登记服务费，对所有券种的发行登记服务费费率降低20%；对地方政府债、政策性金融债实行分档计费；为支持脱贫攻坚战和中小企业融资，对涉及扶贫专项、小微企业的券种的发行登记服务费100%全免；为促进存量盘活、流动性提升和市场短期资金接续稳定性，对短期券种（1年期及以下）的发行登记服务费100%全免；为支持二级市场流动性提升，对国债和政策性金融债开展随买随卖做市支持操作的费用100%全免。

2020年，复杂严峻的国际形势与突如其来的疫情，为中国经济的运行带来巨大的挑战。疫情无情人有情。中央结算公司第一时间全力配合支持疫情防控，在前期降费的基础上针对疫情严重的湖北地区进行更大幅度、更广范围、更有力度的定向降费。主动免收本年度湖北省地方政府债、企业债发行登记服务费以及地方政府债付息兑付费，实际全额减免湖北省地方政府和债券发行人各项服务费用，湖北省委领导对此批示感谢。为湖北客户开辟线上"绿色通道"，支持湖北省招标发行地方政府债2454亿元，支持发行企业债371亿元，鼎力支持湖北打赢这场没有硝烟的阻击战。11月1日，在年初降费的基础上，中央结算公司进一步将发行人发行登记服务费的费率降低20%。2020年累计为地方政府、政府支持机构、政策性银行、商业银行等金融机构以及非金融企业等各类发行人降费5.21亿元。

金融基础设施行业的降费方案涉及多个管理部门，同时大幅降费对经营指标也会产生较大的影响。尽管如此，中央结算公司仍克服困难，积极作为，成为国内首家推动落实减税降费的金融基础设施企业，降费幅度与降费规模均领跑同业，彰显了中央金融企业和国家金融基础设施的社会责任和使命担当。2020年，中央结算公司因在疫情防控中有力保障债券市场稳健运行的积极作为，在金融时报社举办的"金龙奖"评选中获评"年度最佳债券市场抗疫复产支持机构"。

第二节 专业深耕 拓广"中债"品牌影响力

公司持续深化业务发展创新，构建了全方位、多层次、多领域的业务体系，全面促进市场效率提升。价格指标体系、担保品管理、智库建设、客户服务等日益精益化、专业化，"中债"品牌影响力显著增强。

一、丰富中债价格指标体系，打造金融市场定价基准形成平台

公司基于中央托管机构的中立地位和专业优势，五年间不断丰富中债价格指标体系，精心打造金融市场定价基准形成平台，提供中债价格指标、中债分析工具、中债咨询与解决方案三大产品和服务板块。其

中,以中债收益率曲线、中债估值和中债指数为代表的中债价格指标产品已发展成为全面反映人民币债券市场价格及风险状况的指标体系,有效促进了债券公允价格形成和市场透明度的提升;应用领域逐步从债券市场扩展至其他金融市场甚至是非金融市场,成为国家财政政策与货币政策实施的重要参考指标,以及主管部门进行市场监测的有力工具,有效衔接配合了利率市场化、人民币国际化等国家金融战略的实施。

(一)中债国债收益率曲线已成为人民币无风险基准利率的代表,基准作用进一步夯实

2016年,国际货币基金组织经过严格评估和对比后,将3个月期国债收益率作为人民币代表性利率纳入特别提款权(SDR)利率篮子,人民币在国际化道路上迈出了具有里程碑意义的一步,成为继美元、欧元、英镑、日元之后的第五种特别提款权货币,中债国债收益率也是SDR利率篮子中唯一由第三方机构发布的无风险利率。同年,亚洲开发银行官网发布中债国债收益率曲线。中债国债收益率曲线作为人民币无风险利率基准得到了监管部门的高度认可,已成为我国浮动利率债券最主要的定价基准。以中债国债收益率为定价基准的浮动利率债券规模从2015年末的0.4万亿元增长至2020年末的3.7万亿元,在以市场化利率为基准利率的债券中占比达95%,在公司信用类浮动利率债券中占比超过98%,成为公司信用类债券发行人进行风险管理的重要工具。2020年末,中债国债收益率曲线累计支持超过40万亿元国债和地方政府债券的市场化招标发行,以中债国债收益率曲线作为无风险利率定价的债券规模超过110万亿元,有力支持了国内金融市场的发展。

(二)以国债收益率为基础形成的估值、指数也逐渐成为市场基准指标

截至2020年末,以中债估值作为提前兑付定价基准的债券规模累计超过2500亿元,在同类债券中占比为85%;以中债指数为业绩基准的基金规模超3万亿元，在同类基金中占比为83%；以中债指数作为投资标的的基金规模超3400亿元，在同类基金中占比为85%。中债价格指标还是银行间市场利率互换和标准债券远期标的，场外衍生品市场也出现了挂钩中债国债指数的收益凭证和场外期权。为积极贯彻落实新发展理念，引导市场资金流向绿色产业，促进绿色债券市场发展创新，2016年中债估值中心推出国内首批绿色债券指数，随后又推出首只气候债券指数，为投资者提供了观测中国绿色债券市场的有效工具。2020年，中债估值中心自主构建全球首个覆盖中国债券市场发行人的环境、社会及公司治理（ESG）评价体系、数据库和指数，填补了债券市场空白，促进了债券市场责任投资理念的应用和发展。

（三）非标资产估值业务不断拓展

为了助力监管政策落地，更好地满足市场成员对资管产品所投资产公允价值的需求，促进市场规范化发展，中债估值中心充分发挥债券定价分析的优势，将债券估值积累的专业经验延展至其他债权类资产和未上市企业股权资产估值领域。2014年起，中债估值中心根据银行业理财登记托管中心有限公司的登记信息，为理财直接融资工具以及银行理财投资的非标准化债权资产逐日提供估值，每日估值数量超2万条。2018年8月起，中债估值中心与银行业信贷资产登记流转中心联合发布中债银登信贷资产估值。2019年9月起，中债估值中心与中保保险资产登记交易系统有限公司联合发布债权投资计划、资产支持计划和股权投资计划估值，中债—中保登保险资产管理产品估值于2020年被中国保险资产管理业协会推荐作为保险资产管理产品优先使用的公允价值基准。2020年10月，中债估值中心与中国信托登记有限责任公司联合发布信托估值，覆盖信托产品所投资的非标准化债权类资产和未上市企业股权类资产。

(四)中债新金融工具会计准则解决方案成为新会计准则落地实施的有效工具

自 2018 年起,中央结算公司陆续推出中债 SPPI(合同现金流量特征)、中债隐含违约率和中债 ECL(预期信用损失),与中债估值共同组成中债新金融工具会计准则解决方案,为金融机构提供了金融工具分类、公允价值计量和减值准备计提的参考指标,为新会计准则在金融行业的落地实施提供了有效工具。2021 年 7 月,中债估值中心与中保保险资产登记交易系统有限公司(以下简称"中保登")联合试发布中债—中保登保险资产管理产品 SPPI 和 ECL。双方提供的保险资产管理产品 SPPI、ECL 和估值共同组成保险资产管理产品新金融工具会计准则可落地、可执行的全套解决方案,全面覆盖资产分类与计量的相关要求,为保险资管行业实施净值化转型奠定了坚实的基础。

(五)中债 ESG 体系填补了市场空白

中债 ESG 体系以高质量数据和领先方法论为基础,涵盖 ESG 评价、ESG 数据库、ESG 报告、ESG 指数、ESG 咨询等多元化产品和服务。为提升企业 ESG 信息披露标准化水平,填补债券发行人 ESG 评价空白,促进债券市场责任投资理念应用和经济社会高质量发展,公司于 2020 年 10 月推出了全球首个实现中国债券市场公募信用债发行主体全覆盖的 ESG 评价体系。该评价体系是公司充分结合国际主流框架方法,深度融合中国国情与债券市场特点,自主研发的 ESG 评价体系,通过金融科技手段集成大量非结构化数据和另类数据,对债券发行主体 ESG 信息进行全面采集分析,涵盖债券市场 4000 余家发行主体。中债 ESG 评价系列产品为市场投资者践行 ESG 投资理念提供了丰富的投资分析工具,在投资管理、风险管理和 ESG 研究等业务场景下具有广泛应用价值。

（六）数据建设持续推进

为不断支持中债价格指标产品的发展与创新，自2011年公司开始从外部接入数据用于债券估值以来，中债估值中心不断拓展数据源。截至2020年底数据提供商数量已突破20家，涵盖万得、财汇、彭博等国内外主流金融数据信息商，实现了境内5家货币经纪公司和各市场债券行情数据全覆盖，境外数据提供商已达8家，全面支持中债价格指标产品的境内外发展。在此基础上，中债估值中心基于价格指标编制的业务特点，创新数据建模思路，围绕金融市场的资产及资产相关主体全生命周期的特征、行为、事件进行建模，并规划形成了行业领先的新一代数据标准，并于2020年上线。新一代数据标准包含上千数据字段、近200张数据表，而且仍在不断拓展，涉及金融资产、市场行情、资产相关主体、宏观经济指标等主题，涵盖债券、非标债权、股票、衍生品等领域资产的全生命周期，覆盖银行间市场、柜台市场、沪深交易所市场、中资离岸债券市场等。同时，中债价格指标相关数据库中已逐步开始构建特色主题的关键数据库，城投债地方经济数据库包含全部2000余家城投发债企业所属地区的宏观经济、财政指标，债券ESG数据库是国内首个公募债券全覆盖的ESG数据库。中债估值中心新一代数据标准在有力支持中债价格指标创新发展的同时，也逐步开始为公司总部企业债风险监测、绿色债券研究等业务提供服务，形成了相应的工作成果。

此外，为加强与中债价格指标产品客户的紧密联系，进一步拓展数据源，形成生产编制数据的"护城河"，中债估值中心于2019年起启动"中债估值伙伴"数据直采项目，与市场机构合作获取交易行情、债券资料等数据。目前与中债估值中心达成合作的境内外市场机构已达48家，对中债估值、中债收益率曲线的生产编制输入数据起到了一定的补充作用。

（七）中债价格指标产品体系赢得主管部门高度认可，获市场机构广泛应用

2018年，"中债指数系列产品创新与突破"项目荣获上海金融创新成果奖一等奖。评委会一致认为，中债指数体系指标丰富、覆盖面大、使用广泛，对于深化金融领域创新改革具有重要的示范和引领作用。2019年5月，人民银行行领导出席中债指数专家指导委员会第十五次会议时指出，"中央结算公司20年精心打造的一整套反映人民币债券市场价格及风险状况的指标体系，有效促进了债券公允价格形成和市场透明度提升，对充分发挥债券市场的融资功能、服务实体经济具有重要意义，也为政策制定提供了重要的分析工具。"

截至2020年末，公司每日发布中债收益率曲线2800余条、中债估值11万余条、中债指数800余只、中债ECL 5万余条、中债VaR/CVaR 6万余条、中债市场隐含评级5万余条、中债主体隐含违约率4万余条、中债SPPI 6万余条。目前，中债价格指标的境内用户超过1000家，覆盖国内主要的银行类金融机构，几乎所有的基金公司、保险公司和证券公司在交易定价、风险管控、会计计量、业绩评估等环节都广泛深入运用中债价格指标。逾200家境外机构使用中债价格指标产品，基本覆盖所有境外主权类机构投资者，商业类机构应用也在持续增多。

二、厚积薄发弯道超车，中债担保品管理成为全球翘楚

公司充分借鉴国际经验并结合中国市场特点，在担保品领域持续创新探索，打造了国际先进的担保品管理系统，成为全球最大的担保品管理平台之一，并于2017年在上海正式挂牌运行中债担保品业务中心。

（一）担保品管理业务快速发展

2016—2020年，中债担保品管理余额从2016年初的8万亿元迅速增长到2020年底的15.9万亿元，稳居全球中央托管机构首位，年均增

长率达15%；服务客户数量从2016年初的3200余家迅速增长到2020年底的9200余家，年均增长率达24%；客户群体从初期的银行类、政府类机构逐步拓展至保险、证券、期货等非银行金融机构以及境外投资者；形成了以政策类、市场类及跨境类业务为主体的业务体系，服务领域涵盖货币政策、财政政策、外汇管理、中央银行支付体系、社保体系、债券市场、衍生品市场、跨境担保品等。

（二）债券保证金业务促进期现市场互联互通

2015年起，公司为中国金融期货交易所债券充抵国债期货交易保证金业务提供担保品管理服务支持，并于2016年将业务模式延伸至债券充抵上海国际黄金交易中心保证金业务。2018年下半年，债券充抵保证金业务完成系统优化升级，业务运行效率进一步提升。2019年，债券作为期货保证金业务范围扩大至中国金融期货交易所所有的期货品种，公司成功与五家期货交易所签署合作备忘录，在期货市场全面引入债券作为期货保证金服务。2020年3月，公司发布新版《债券作为期货保证金业务操作指引》，为业务上线提供了制度基础；8月至10月，大连商品交易所、郑州商品交易所、上海期货交易所业务相继落地，首单商业银行参与业务顺利实施，实现对国内期货市场全覆盖。债券市场与期货市场互联互通迈上新台阶。截至2020年末，已有105家期货公司完成开户，债券作为期货保证金业务规模达285.4亿元。

（三）社保基金管理质押保障资金安全

自2015年开始，公司推出了社保基金管理质押服务，旨在助力全国及地方社保等专户资金管理机制的完善，保障社保资金的安全。截至2020年末，担保品管理服务已覆盖全国社保基金及23家地方社保基金的存款业务，管理中担保品余额为11066亿元。同时，公司与地方财政部门深入沟通，优化并上线资金定价系统，积极探索在社保资金管理业务中的运用。

（四）积极推动人民币债券担保品跨境创新应用

2015年起，公司先后成功支持境内外金融机构办理货币互换质押业务、支持中资银行在境外发行"绿色资产担保债券"、支持境内外商业银行开展跨境融资等业务，并作为担保品管理人，积极发挥押品估值、盯市、调整、违约处置等期间管理职能，构建人民币金融体系的"流动性管理中枢"和"风险管理阀门"。与国内外金融基础设施和中介合作，探索打造跨境担保品合作平台，并逐步推动以人民币国债为代表的人民币债券成为国际市场普遍接纳的合格担保品，并纳入有关财金对话重要成果。

（五）协议存款质押业务为中小银行减负

2018年起，公司积极响应银保合作政策号召，将协议存款质押的业务模式引入保险资金管理领域，助力推广普惠金融，为中小金融机构在更多业务场景下的资产负债管理提供支持，有效缓解中小银行等金融机构资金紧张的局面。截至2020年末，共有165家机构客户作为质权方在公司办理协议存款质押业务，质押债券面额达1131亿元，为存款资金的安全稳定保驾护航。

（六）同业授信业务缓解融资难

2018年下半年，公司与交通银行签署服务协议，首次将担保品管理机制引入同业业务领域，为其同业授信业务提供更加高效、低成本的创新性风险管理手段。2019年8月，公司与交通银行共同支持首单同业授信质押业务落地实施，汉口银行成为首家参与机构。2020年，为进一步保障疫情期间金融服务支持，畅通市场中短期融通渠道，公司发布金融机构同业授信质押创新产品，为市场参与者提供风险管理和流动性管理工具。截至2020年末，共有56家投资者开通同业授信业务参与资格，管理中担保品余额为95亿元。该业务有效缓解了中小金融机构融资难问题，疏通了货币信贷由大型金融机构向中小型金融机构传导的渠道，为进一步支持实体经济运行提供了流动性保障，助力提升我国金融市场的稳定性。

（七）违约处置服务解决市场痛点

2019年6月，公司正式发布《中央结算公司担保品违约处置业务指引（试行）》，支持拍卖、变卖及协议折价三种处置方式，从制度层面助力防范化解金融风险，形成担保品闭环，解决市场多年痛点。同年8月，公司成功组织首场担保品违约处置拍卖；2020年1月，顺利支持首单担保品变卖落地。两次违约处置资金均足额覆盖回购交易标的债权金额（含罚息等），有力保障了质权方的权益，并且处置时间短、处置流程清晰、环节少、效率高，确保了违约情形下担保权益的快速实现。公司还与中国金融期货交易所、上海期货交易所共同推动建立期货市场的违约处置机制，为进一步巩固期货市场风险管理体系提供了可靠保障。

（八）创新协议签署机制，启用《担保品管理服务通用协议》

协议采用单边签约的方式，业务参与机构仅需签署一次，即可适用于其后参与的所有担保品业务，变"一事一签"为"一签成事"，极大地简化了合规流程，为市场成员提供了切实便利。协议推出以来，在国内外市场上得到了投资者的高度认可，包括商业银行、保险资管公司、基金公司、期货公司以及境外央行、头部外资银行、中资银行海外分行等在内的机构积极响应并首批完成签约。

（九）布局外汇市场，提升担保品管理服务效能

在外币回购业务中，公司充分参考国际经验与市场诉求，为投资者提供了专业、高效的外币融资解决方案：一是创新担保品机制，为投资者提供全流程自动化的担保品管理服务，输出公司先进的业务理念和优质的产品服务；二是创新盯市机制，设计集汇率盯市与债券估值盯市于一体的"双盯市"功能，提高信用风险管理效率与水平；该项业务也

标志着中债担保品管理服务首次延伸至外汇市场，成为公司发挥金融基础设施效能、助力市场互联互通的又一里程碑。

三、深化研发能力，建设特色中债智库体系

公司作为国家重要金融基础设施，始终站在政策研究和市场研究前沿，通过打造专业特色智库，构建包括特色专家库、博士后科研工作站、联合研究机构等在内的多层次智库体系，积极服务主管部门和市场机构，取得了丰硕的研究成果，有效支持了主管部门决策和多层次资本市场的创新发展。

（一）持续推进战略研究和决策咨询能力建设

公司于2017年成立中债研发中心，并在上海设立"中债研发中心上海中心"，着力打造研发支持平台。公司一贯重视战略研究和决策咨询能力建设，着力发挥研发力量，以战略规划统领业务技术工作稳步推进。持续打造研发支持平台，承接世界银行技术援助项目及主管部门重要课题，涵盖国债市场建设、国库现金管理政策协调、绿色金融发展、国际安全资产培育、债券市场开放等多个领域。充分发挥研发咨政建言功能，配合主管部门开展多个重大项目研究工作。建立国际跟踪研究协同机制，坚持开展债券市场前瞻性研究，加强研发与数据和科技的融合，聚焦金融基础设施，夯实法律基础、风险防范等底层研究。推出国债、地方债、信用债、绿色债券、资产支持证券等品种的系列发展报告和专项报告，提出穿透底层的信贷资产支持证券信息披露指标体系，构建了中债—绿色债券环境效益信息披露指标体系，首创"实质绿"债券评估认定方法。

（二）高标准建设博士后科研工作站

公司博士后科研工作站自2015年9月设站以来，积极同中国人民银行金融研究所、清华大学、复旦大学等智库、高校的博士后科研流动

站建立良好合作关系，为博士后科研人员开展课题研究及成果推广创造有利条件，持续向金融市场培养和输送高层次优秀人才。2020年，在人力资源和社会保障部与全国博士后管理委员会联合举办的每五年一次的博士后工作综合评估中，公司博士后科研工作站荣获优秀等级并被通报表彰。截至2020年末，中央结算公司已连续招收5批博士后科研人员共28人，其中多人获得中国博士后科学基金的课题资助，组建了一支拥有一流教育经历和多元学科背景的博士后研究队伍，形成了一批兼具理论创新与应用价值的研究成果。

（三）与多所高校合作建立联合研究机构

公司与中国人民大学合作共建"中债研究所"，围绕债券市场及其相关财金领域开展高标准研究咨询；与清华大学合作成立"中债—清华大学金融信息科技创新联合研究院"，紧扣大数据、人工智能等核心技术发展趋势开展专题研究；公司上海总部与上海财经大学共同设立"上海财经大学中债国际研究所"，在中国债券市场对外开放领域开展研究；中债估值中心与北京大学合作共建"北京大学—中债估值研究中心"，围绕中债价格指标产品的编制和各领域应用开展深入研究。与国际组织、高端智库开展合作，持续推进产学研深度融合，加速研发成果的转化。与中国人民银行研究局联合中标社科基金项目，与国际货币基金组织驻华代表处、中国开发性金融促进会、气候债券倡议组织（CBI）、中国社会科学院等合作编写多项研究报告，成果颇为丰硕。

（四）打造"中债研究"品牌系列产品

2016年起，公司每年定期编写发布《中国债券市场概览》中英文版，其成为市场成员尤其是境外机构快速了解中国债券市场的"说明书"。每年召开的金融街十号论坛和债券年会为债券市场参与者搭建了专业高效的交流平台。"金融街10号丛书"汇集了公司重点课题研究成果以及国外金融市场理论与实务研究经典译著，对于市场的管理者、参与者和研究者都具有很强的参考价值,近年《新中国债券市场发展简史》《国债期货和现货联动问题研究报告》《资产证券化的理论与实践》《非金融企业混合权益性金融工具研究》等课题成果相继出版。《债券》期刊坚持高品质办刊,继续发挥集"研究、宣传、服务"于一体的功能,不断构建自媒和外媒、官媒和市场媒体相结合的联动宣传体系,持续增强期刊内容与公司业务的黏性,持续提升品牌活动的质量和影响力,荣获"中国最美期刊"称号,并于2019年入选北京国际图书博览会"庆祝中华人民共和国成立70周年精品期刊",品牌栏目"债市研判六人谈"荣获省级"特色栏目"奖。2020年,在期刊行业首次社会效益考评中,《债券》期刊获优秀等级,成为头部机构指定投稿刊物。

(五)着力扩大中债特色智库体系影响力

一是制定并落实特色智库建设路线图。稳步推进共建合作,中债研究所通过人民大学科研机构孵化评审,正式挂牌。规范研究合作管理。二是建设多层次、立体化成果宣发平台,打造"中债研报、中债研讨、中债调查"研发产品。三是品牌活动影响力持续提升,参与面继续扩大。2020年,通过新华社、《金融时报》等权威媒体宣发公司成果30余篇,阅读量超100万次。微信平台关注人数突破12万,阅读量超122万人次。

四、优化客户服务体系,服务质量达到新高度

2016—2020年,公司持续贯彻以客户为中心的发展理念,全力配合市场创新,全面提升服务能力。在整体发展战略框架下,持续优化调整组织架构,完善京沪深三地协同服务体系,发挥好市场成员与主管部门之间的桥梁和纽带作用,主动为客户创造价值,持续增强客户黏性,客户服务质量达到新高度。

(一) 积极对接监管，形成良好互动格局

公司持续加强与监管部门的联络沟通，快速响应监管部门各项需求，多层次、多维度提供支持服务。一是认真践行支持财政政策、货币政策、产业政策实施的重要职能，为政府债券发行、公开市场操作、中央国库现金管理、企业债券全生命周期提供高效专业的业务技术支持服务，相关工作得到财政部、人民银行、国家发展改革委的高度认可。二是在疫情最严重时期，克服多种困难，完成公开市场同城（通泰大厦、陶然亭）及异地（公司上海总部）备用场地建设和制度建设，有效保障了公开市场操作业务的连续性。三是认真完成财政部、国家发展改革委、人民银行、银保监会、证监会交办的任务，为监管决策和政策实施提供有力支持，工作成果多次得到肯定。

(二) 聚焦服务市场机构，全面提升综合服务水平

一是巩固发展与政策性银行的合作关系，2020年，国家开发银行和农业发展银行市场化债券发行分别突破20万亿元和10万亿元。二是主动对接金融债券发行人，提前触达潜在发行机构并积极做好发行前咨询辅导，支持商业银行发行永续债、二级资本债、小微金融债等多个债券品种，确保公司托管服务全覆盖。三是开拓远程发行服务新蓝海，2020年，重点面向46家发行人及20家簿记管理人推广簿记建档远程发行服务，支持发行14期金融债券、2期资产支持证券超5000亿元，同步完成11家头部机构系统联通。四是重点加强与发行人、承销商、簿记管理人等机构的业务交流，紧密围绕系统直联、远程服务、直接投标等内容，形成常态化沟通交流机制。

(三) 深化区域服务职能，拓展客户触达

公司充分利用辖区金融政策创新业务发展。上海总部以市场化、国际化为导向，立足金融市场开放前沿，巩固强化以跨境发行、跨境结算、担保品管理、金融估值、数据中心"五位一体"协同发展为核心

特色，具有国际影响力的债券市场功能平台，全力支持国家金融开放战略，服务构建国内国际双循环的新发展格局。深圳客户服务中心作为公司在华南、西南地区的重要窗口和前沿阵地，充分发挥区位优势，全面服务港澳、华南等区域客户，贴近客户需求，主动优化服务支持，把握金融科技前沿；强化区域债券市场服务职能，打造"客服＋研究"创新服务模式，切实满足客户需求和解决痛点；积极服务区域市场客户，举办境外投资者年会、企业债交流会等多场交流会。

（四）充分运用金融科技引领服务创新，积极探索人工智能应用

公司于2020年10月发布了自主研发的中债智能客服平台，充分实现了基于知识库、语意理解、智能交互的在线智能客户服务。该平台上线初期内置了近6万字的业务问题知识库，基本涵盖了公司新一代客户端、债券发行、客户账户、登记托管、交易结算、担保品管理、系统接入、信息产品等各业务领域。各市场成员通过关注"中国债券信息网"微信公众号，点击右下角"智能客服"菜单，即可与智能客服代表"棒得儿"对话。"棒得儿"是一只憨态可掬、有问必答的中债萌宠熊猫，能够7×24小时高效解答客户的业务问题，并通过自主学习不断完善和优化。

（五）主动开展客户营销和宣传工作，塑造公司品牌形象

一是坚持制作并宣传发布金融机构春节拜年视频，持续设计发布重要节日、节气公司品牌形象海报。二是设计IP形象——萌宠熊猫"棒得儿"，以其憨态可掬的卡通造型增强宣传趣味性，增进与客户的情感认同，并应用在系列宣传活动中。三是探索研究文创产品和IP形象产品化策划方案，为客户宣传品设计工作奠定基础。

（六）践行中债使命责任，金融驰援勇于担当

新冠肺炎疫情暴发以来，公司提高政治站位，强化责任担当，高效落实管理部门要求，切实做好各项监管服务、政策性业务支持，为湖北省客户开辟"绿色通道"，做好客户应急业务保障等工作，开展"最美

债券人——抗击疫情 金融驰援"系列宣传活动,展示各市场成员机构及员工的抗疫事迹与风采,微信公众号浏览量近8万人次。

第三节 守正出新 拓展金融基础设施职能维度

2016—2020年,中央结算公司践行"多元化、集团化、国际化"战略,充分发挥金融基础设施建设方面的优势功能和经验积淀,推动战略协同和价值延伸,建立了全方位、跨市场、多产品的中债综合平台。

一、推进战略协同,打造多层次、立体化发展架构

五年间,公司开拓进取,实现了从服务单一债券资产到服务债券、信贷、理财、信托、产业基金等多类别金融资产,从对接单一银行间债券市场到对接交易所市场、离岸市场、黄金市场、衍生品市场、信贷及资管市场等多层次金融市场的转型,建成支持多要素市场、多金融产品、多交易平台的统一登记托管结算体系。

(一)债券板块方面,优化组织架构和业务流程,实现多维度综合实力的跨越式发展

2017年,上海分公司升级为上海总部,开创了中国金融基础设施京沪双总部运行的中债模式,将"人民币债券跨境发行中心、人民币债券跨境结算中心、中债担保品业务中心、中债金融估值中心、上海数据中心"五大核心功能平台嵌入上海总部,服务全球人民币债券市场。上海总部的设立入选了"2017上海国际金融中心建设十大事件";《上海国际金融中心建设行动计划(2018—2020年)》提出支持公司设立上海总部,集聚五大核心功能平台。上海总部以首家特别会员的身份加入上

海浦东陆家嘴金融城全球资产管理机构联合会，为全球资管机构提供债市服务解决方案，并入选第二届"中国（上海）自由贸易试验区制度创新十大经典样本企业"。2017年，公司独资设立中债估值中心、中债金科信息技术有限公司，并设立中债研发中心事业部、统计监测部，充分发挥板块优势和专业化效能，有效加强了资源协调和组织能力。2019年，整合设立债券业务板块三中心——客服中心、产品中心、运营中心，形成了以客户为导向、前后台协同的机制，组织架构活力充分激发，债券业务优势进一步凸显。

（二）非债业务方面，落实银保监会部署，在信贷资产、理财产品、信托等领域开展金融基础设施服务

公司多年来一直承担全国银行业理财信息登记系统、信托产品登记系统和信贷资产登记流转系统等的开发运作，打造了功能强大、技术先进、稳定可靠的系统平台，全面支持穿透监管，促进相关领域和行业规范健康发展。继成立银登中心之后，2016年8月，顺应主管部门完善银行理财业务监管、服务银行理财业务发展的需要，公司将理财产品集中登记、信息披露和第三方托管业务有机整合形成统一平台——银行业理财登记托管中心有限公司。公司直接参与全国性信托登记机构的筹建工作，于2016年作为控股股东发起成立中国信托登记有限责任公司，有效推动了信托产品登记系统建设运营、登记管理规则制定、登记功能扩展等工作。截至2020年末，公司登记债券之外各类金融资产50万亿元，其中商业银行理财产品24.2万亿元，信贷资产1.7万亿元，信托产品19.2万亿元。

目前，公司全资设立银行业理财登记托管中心（理财中心）、中债金融估值中心、中债金科信息技术有限公司、中债金石资产管理公司，控股银行业信贷资产登记流转中心（银登中心）、中国信托登记公司，参股上海清算所，成为事实上的国家金融基础设施集团。

二、深化职能定位,全力支持信贷资产市场建设

在信贷资产领域,银登中心推进信贷资产流转市场标准化、规范化建设,助力小微企业贷款流转,推进信贷资产证券化底层资产集中登记。

作为监管支持机构,银登中心积极推动信贷资产流转市场集中登记工作,促进市场阳光化发展,为监管部门掌握市场全貌、提升监管质效提供抓手。根据《关于银行业信贷资产流转集中登记的通知》(银监办发〔2015〕108号),银登中心对银行业金融机构的信贷资产流转业务进行集中登记,并前瞻性地采用穿透式登记安排,对流转的底层信贷资产逐笔进行详细的电子化记载,为穿透监管提供支持。根据《关于做好2017年非现场监管报表填报工作的通知》(银监发〔2016〕55号),银登中心协助监管部门将银行业金融机构开展的信贷资产流转业务纳入监管统计口径,并与集中登记数据进行核验比对,进一步强化集中登记机制的相关要求。根据《关于银行业金融机构信贷资产证券化信息登记有关事项的通知》(银保监办发〔2020〕99号),银登中心履行信贷资产证券化信息登记职责,实现了穿透至底层资产的证券化信息登记,为增强监管精准性、提升市场透明度奠定了基础。

银登中心围绕自身职能定位,与市场各方紧密合作,积极推动信贷资产流转市场机制的建设与完善。先后发布了信贷资产流转市场登记、交易、结算、信息披露等业务规则,为机构开展业务提供具体指引;组织起草市场主协议及标准合同文本,推动市场形成共识,并鼓励以线上电子化方式签署协议,目前超过90%的业务通过标准合同文本完成;与中债金融估值中心有限公司合作推出信贷资产估值服务,每日发布估值及价格指数,以促进市场价格发现,目前估值覆盖率超过50%;推出券款对付(DVP)结算、代理付息兑付等服务,以降低结算风险,提

高市场效率；强化系统技术支撑，保障其安全平稳运行，并不断丰富系统功能，提供多样化的产品类型与灵活的交易方式，实现了业务全流程线上操作，确保每笔交易可跟踪、可追溯，满足机构的实际业务需求。

在业务开展中，银登中心积极落实监管政策要求，将小微贷款流转作为业务开展的重中之重，针对小微贷款流转建立绿色通道机制，优化工作流程，提高业务效率；探索创新小微贷款债权直接转让等业务模式，积极参与小微贷款流转业务，实现银行间的优势互补、协同发展。目前，银登中心小微贷款业务流转占比超过50%，成为银行业支持普惠金融发展的重要"助推器"。根据2016年4月银监会发布的《关于规范银行业金融机构信贷资产收益权转让业务的通知》（银监办发〔2016〕82号），银登中心启动不良资产收益权转让业务试点，为银行机构特别是中小银行处置不良贷款提供了市场化的创新渠道，助力防范化解金融风险。

截至2020年末，在银登中心开立信贷资产账户的市场成员数量超过3000户，覆盖银行、信托、证券、基金、保险、财务公司、资产管理公司等各类型机构，在助力银行业盘活存量信贷资产、提升服务实体经济质效、防范风险方面发挥了积极作用。

三、应运而生，理财中心助力市场健康发展

2016年8月，顺应主管部门完善银行理财业务监管、服务银行理财业务发展的需要，公司发挥在银行理财领域的优势，出资设立银行业理财登记托管中心有限公司。经过五年的不断发展，理财中心以"服务监管、服务市场、服务投资者"的七大平台为工作重心，持续为银行理财市场的健康发展保驾护航。

一是银行理财信息集中登记平台。2018年9月，投资者信息登记内容正式上线，最终实现了产品信息、理财投资者信息以及底层资产信息

的"向上"和"向下"穿透登记,满足了监管部门全面、实时、动态、穿透管理要求。截至2020年底,理财信息登记系统共登记理财产品192万只,资产信息876万条,底层持仓信息7117万条,投资者身份信息约1.5亿条;实现与全国800余家银行业金融机构、银保监会10个部门和36家银保监局专线联网;实现与125家机构内部系统的数据直联。

二是理财市场统计监测研究平台。依托银行理财信息数据库,理财中心贯彻"大统计、大研究"理念,不断提升大数据资源挖掘的深度和力度,建成理财统计系统和风险动态监测系统,对机构、产品、资产和时间等维度的500多个指标、几亿条数据进行有效组合计算,实现了理财业务统计和全方位监测。一方面,通过构建合规及风险监测指标体系,为监管实现单机构、单产品和单交易的多维动态监测提供系统支持。基于统计和监测情况,定期为监管部门提供理财业务运行监测数据报表和报告,为监管部门现场检查和非现场监管提供数据支持。另一方面,及时发布中国理财市场年报、半年报等报告,全面、客观、完整地总结我国银行业理财市场情况,有利于社会各界加深对银行理财市场的了解和认知,提高银行理财行业信息透明度。

三是理财产品查询和信息披露平台。基于银行理财信息登记数据,理财中心建立了理财产品信息查询核验平台。投资者可通过中国理财网,查询所有银行理财产品的登记编码、产品名称、发行机构、运作模式、风险等级等信息,核实理财产品真伪,有效防范虚假理财和"飞单",维护投资者合法权益。

此外,为有效落实监管政策要求,理财中心牵头制定银行理财信息披露统一标准,在相关监管制度的基础上对信息披露工作内容进行细化明确,不断提升信息披露规范化程度。同时,依托中国理财网搭建行业统一的第三方信息披露平台,支持和引导理财产品发行机构,特别是各理财公司通过统一平台开展信息披露。自2020年2月首次为客户提供第三方信息披露服务起,理财中心长期致力于提高理财产品信息透明度，为广大投资者提供权威、可靠的信息披露渠道，切实保护投资者合法权益。

四是理财产品第三方托管平台。理财中心是全国唯一一家由银保监会同意设立的理财产品第三方托管机构。目前，理财中心已建成并投入使用了功能全面、运行高效稳定的理财产品托管系统，制定并落实了完善、严密的托管业务制度，满足监管部门关于理财产品实质性独立托管要求。理财中心自2017年12月起正式开展理财产品第三方独立托管业务，截至2020年12月末存续托管业务规模达218.23亿元，存续托管产品共134只；累计托管了23家银行发行的508只产品，累计托管规模达512.49亿元。

五是理财直接融资服务平台。理财产品通过投资理财直融工具为企业提供债权性融资，促进理财服务实体经济。按监管部门部署，理财中心依托中央结算公司的优势，为理财直融工具业务提供注册评估、集中登记、独立托管、信息披露、转让结算、第三方估值等服务，有效实现了理财产品非标投资从加通道到去通道、从委托通道机构管理到银行自主管理、从信息不透明到信息透明、从资产不易切分到资产可等分、从无第三方估值到有第三方估值的转变，切实助力理财业务规范转型。自2013年10月首只理财直融工具发行以来，截至2020年末，理财直融工具累计发行金额超过4000亿元，满足了29个省份600余家企业的融资需求，切实助力理财服务实体经济。

四、聚势合力，加强标准化体系建设

公司本着共商共建共享的理念，与全球客户共同建立行业服务标准，引领债券市场规范发展。2016—2020年，公司高度重视并持续开展标准化工作，充分发挥国家金融基础设施的专业优势，牵头3项国家标准、推进7项行业标准的编制工作。2020年，公司围绕债券业务全流程主要服务领域，发布中债业务、数据和技术处理规范三个系列共8项企业标准。结合新一代系统建设制定数据标准，初步形成数据管控机制，成为全国金融标准化技术委员会（以下简称金标委）观察员单位。

公司作为承担中国人民银行标准化工作的机构之一，牵头起草了《资产管理产品介绍要素》系列标准中银行理财产品部分和信托产品部分两项行业标准，这是首次由"一行两会"联合发布的金融行业标准，对于配合金融产品标准体系建设，助力构建跨市场金融产品的全流程、全链条统计监测框架，支持防范化解系统性金融风险等具有重要意义。公司牵头《债券发行招标与中标处理规范》《银行业理财信息登记数据元》《商业银行理财业务和理财产品信息披露规范》3项行业标准的编制；参加国家重点研发专项"金融风险防控关键技术标准研究"项目，承担《债券价格指标产品数据采集规范》《固定收益证券利息核算规范》两项国家标准的研究任务；承担金标委金融标准化重点研究课题"全球法人机构识别编码发展应用研究""金融资产担保品管理标准研究""金融业XBRL技术应用标准化研究""金融基础设施服务质量标准化研究"和"金融基础设施客户信息管理标准化研究"共5项。

在价格指标标准化方面，公司于2019年围绕中债价格指标的数据采集、生产编制和产品发布三个重要环节发布企业标准，主动对标国际标准和先进实践，对生产编制全流程进行标准化建设，保证价格指标的公允性和可靠性。

在担保品管理标准化方面，公司建立了一套适合我国国情的担保品管理规范与标准，有利于为行业规模化、规范化发展打下基础，助力对标国际。2020年，公司申报金标委重点研究课题"金融资产担保品管理标准研究"，并提交项目评审。项目建议先行建设以债券为核心的金融资产担保品管理标准，推进国内标准建设进程；参与国际共建，接轨国际标准，支持担保品跨市场应用。

此外，公司已正式对外发布2项担保品企业标准《中债债券业务处

理规范　第 4 部分：债券担保品管理》《中债债券业务数据规范　第 3 部分：债券担保品管理》，并同步推进担保品管理行业标准立项申报。

五、狠抓落实，基本建成京沪主数据中心并投入使用

一是完成了京沪主数据中心技术协调工作。工作组以《京沪数据中心建设技术协调工作方案》为指导，组建了电气、暖通、弱电、安防消防、网络、机房及设备六个技术专业小组，就建设中的技术问题加强沟通交流与协调解决。在技术方案确定、设备进场前环境验收、设备安装与调试等环节中，相互协同和支持，不断推进数据中心建设技术专业工作的质量提升。

二是完成了京沪主数据中心技术验收及补验工作。北京通州数据中心与上海卡园数据中心分别于 2020 年 8 月和 9 月进入工程验收交付阶段，工作组成立了技术验收工作组，采用京沪技术团队互验的方式，同时聘请外部专家参加，先后对京沪主数据中心基础环境设施、技术文档资料和现场实际操作相结合，进行了有重点选择的技术验收，基本满足设计要求。同时也指出了存在的问题，京沪主数据中心技术团队进行了整改，并进行了补验，达到了技术验收的预期目标。

三是完成了设备资源池采购配合和初始生产环境部署工作。根据国家信息化建设"安全可控"的要求，工作组对 IT 软硬件国产化状况进行了调研，邀请了四大国产化厂商进行了交流，拟写了《IT 软硬件国产化推进策略报告》，对京沪主数据中心采购设备提供了国产化选型建议，包括服务器、存储、网络设备等。组织制定了《IT 设备资源池采购管理办法》，积极配合采购主管部门做好各项采购所需技术资料的编写、评审等工作，基本做到如期完成设备下单工作。组织制订了《京沪数据中心生产环境部署启用工作方案》，按专业分工组织了八个专业组，抽调技术人员进行了设备安装、系统搭建、应用部署、数据复制、验证

演练，并在此基础上，组织了京沪主数据中心的技术检视工作，基本达到启用条件。

四是完成了京沪主数据中心启用投产正常运转工作。在初始投产环境交付的基础上，工作组于2019年11月完成了北京通州数据中心与中债大厦数据中心的备份环境切换演练，12月初完成了新一代系统备份环境的切换运转及部分原部署于中债大厦数据中心应用系统的迁移运转。上海卡园数据中心按计划如期于2019年12月下旬完成星光新一代系统运行异地灾备环境的部署启用工作。同时，12月下旬完成了无锡异地数据备份中心向上海卡园数据中心的迁移运转。

六、助力绿色发展，积极参与"双碳"相关工作

我国是碳排放大国，"双碳"工作是国家层面的一件大事，关乎国家未来发展和国际话语权，公司积极参与到相关工作中来。

2016年，国家发展改革委气候司牵头碳排放权市场建设工作，邀请公司合作完成相关研究课题，公司从基础设施角度提供咨询建议。2020年以来，公司应湖北碳交易中心之邀，参与生态环境部委托项目"碳排放权登记结算制度完善""碳排放权交易细则"的研究论证，取得重要成果。

第四节　强基固本　金融基础设施现代化建设不断夯实

2016—2020年，公司驰而不息地加强金融基础设施现代化建设，以重点项目建设补足金融基础设施短板，以技术建设夯实安全运行基

石，以组织结构改革激发金融基础设施全新动能。新一代系统成功上线，"两地三中心"架构体系初步形成。

一、新一代系统成功上线运行

2017年，为了打造功能更完善、构架更合理、技术更先进的中债综合业务平台，新一代系统建设工作全面启动。公司研究构建全新业务架构、技术架构、应用架构的核心技术框架，进行系统顶层设计；研究和开发具有自主知识产权的新系统，完成技术平台产品验证、集成测试，形成自主掌控技术的体系框架；夯实需求分析基础，保障系统安全、业务连续性、业务数据标准在新一代系统中落地。2018年，着眼先进性和整体性，公司搭建了"一核两翼五驱动"的组织架构，统筹各方资源，多项工作齐头并进，完成新建生产线、数据线和适配线的需求分析和概要设计，新一代系统建设取得阶段性成果。2019年，顺利完成先期部署及切换演练，全面落实系统建设各项任务，创新开展迭代开发、多轮测试，有序推进数据迁移、总体投产上线等工作。

2020年初，在新一代系统即将上线的重要关口，新冠肺炎疫情暴发。公司党委统一指挥，各部门积极协同，迅速组建新一代系统建设防控工作小组。数百名业务、技术骨干及保障部门同志以"尽锐出战、迎难而上"的干劲和"不获全胜、决不收兵"的决心，确保疫情防控和项目建设统筹推进，打赢了疫情防控和新一代系统建设的"双线战役"。新一代系统先后通过"清明"演练、"五一"演练、"端午"内部投产、跟账运行、外联切换演练、同城备份切换等重重考验，最终于2020年10月正式上线，并平稳度过特保期、重保期和试运行期，支持年终决算圆满完成。

新一代系统完成了对原中债综合业务平台的重构和升级。从业务本质出发，制定了统一的业务标准和业务流程；从深化核心金融基础设施职能出发，规划了统一的新一代系统技术平台和IT综合治理体系；从服务金融产品全生命周期出发，建设了统一的客户账户管理体系、登记体系、托管结算体系等；围绕金融产品发行、登记、托管、清结算、公司行为、资金管理、担保品管理以及数据信息服务等重要业务领域，提供标准化、可配置的基础服务。新一代系统还首创国产加密算法，有效提高金融信息系统风险防范能力，保护金融信息安全。

新一代系统形成了企业级架构与全流程业务视图，引入了创新性核心技术方案。规划设计方面，通过实战验证实施工艺，形成中债企业工程方法。完成从实现单业务条线需求的软件工程方法到实现企业级架构的企业工程方法的转变；形成业务、技术的良好互动和真正融合，保证系统完整、有效承接公司战略；以统一业务模型、统一技术架构、统一实施工艺、统一管控流程落实企业级工程实施方法的核心理念。技术应用方面，加强科技探索，强化自主掌控。新一代系统引入微服务、弹性计算资源池等云计算技术，显著提高系统的稳定性和灵活性；统计分析等数据系统引入数据沙箱和大数据相关技术，实现安全、高效、灵活的数据价值挖掘和智能分析；在信贷资产流转和发行领域积极尝试利用区块链技术提高流转效率；在借鉴国内外先进设计理念的基础上，全面落实自主掌控要求，独立研发10余个模块化工具平台，支持流程高效、质量可控的项目实施管理；应用系统建设采用国际标准全生命周期安全管控（SDLC），通过实战攻防构建完整、具备实战能力的安防体系。业务架构方面，深耕业务转型，推动产品创新，强化国际服务能力。新一代系统将业务流程划分为八个主要业务环节和一个综合信息服务平台，为债券提供全流程的管理服务；通过引入"产品工厂"理念，充分适应多元化发展需要；对金融产品进行高度抽象概括，实现完善的金融产品服务以及快速产品创新能力。国际服务方面，全面提升境外机构的业务处理能力，实现一套系统服务全球。系统拓宽服务时间，整体具备7×24小时运行能力，满足全球范围的多语言、多币种、多时区、多监管要求，全面提升境外机构的业务处理能力,实现一套系统服务全球。

新一代中债综合业务平台建设三年多来,共计形成业务需求150万字、编码量1700万行,累计执行案例86万个,完成五次系统测试、四次业务验收、三次切换演练和两次市场联调,凝聚了公司全体成员的心血和希望,积累了可借鉴、可传承的系统建设经验,为公司创造了宝贵的物质财富和精神财富。

二、"两地三中心"架构体系初步建成

2017年,为提高业务连续性保障能力和信息安全防护能力,中央结算公司启动整体规划,按照高规格、高等级的国际标准打造新的"两地三中心"。2019年,成立统一运维体系工作组,着力构建适应公司发展需要的高水平、高标准统一运维体系。

2020年,北京通州数据中心和上海卡园数据中心建设取得重要突破,完成项目建设任务和测试验收工作。"两中心"高效完成多中心骨干网、外联网、互联网、局域网规划建设和生产环境部署,规范开展联调测试,通过了第三方测试和用户技术验收,取得国标A级机房认证,交付规格达到同业领先水平。北京、上海两地的数据中心建设遵循了高规高标、科学前瞻、安全合规、自主可控、动态扩展的整体原则,充分考虑架构的演进趋势,兼顾现有需求,适度超前配置,通过基础架构转型加强对大数据、云计算、人工智能等应用的支持,具备了集团公司全部业务负载能力、良好的资源保障能力和高水平容灾能力。

同时,公司较好地完成了统一运管平台和运维制度的分阶段交付使用,完成了配套的统一运维制度的编写、评审和分阶段使用、完善。目前,北京、上海两地的数据中心实现了统一运管,建立了集运行值班、监控、巡检、变更和应急为一体的日常运维工作机制,初步建成公司第一个"两地三中心"架构体系,全力协调新一代系统投产运行。公司

多中心一体化的运维体系逐步成型,提升了规范化水平和多中心协同能力,充分保障了公司数据安全和业务连续运营。

三、信息系统创新持续推进

公司坚守职责使命,以构筑高质量、高标准的金融基础设施信息科技核心竞争力为目标,全面加强技术体系建设,持续丰富和优化系统功能,不断提升客户体验和服务性能,有力夯实了债券市场安全稳健运行和发展创新的基石。

进行支付接口双活改造。为推进应用系统容灾体系建设,保障系统安全稳定运行,公司于2019年进行了与人民银行支付系统对接的支付接口双活改造,实现了支付接口北京同城双中心运行。

支持央行票据互换和系统改造。2019年,公司支持人民银行成功开展首次央行票据互换操作,积极推动央行票据互换操作系统的开发建设工作,顺利完成上线部署及相关验证,并与大额支付系统、中央银行会计核算数据集中系统(ACS)互联互通,实现需求报送、央行票据注册、数量招标、首期及到期结算和报表打印等全流程系统自动化处理,有效提升了央票互换业务的处理效率。

支持国家开发银行弹性招标和做市操作。2019年国开债做市支持机制推出,公司负责提供相关交易后处理及技术支持,上线国家开发银行做市支持系统,支持国家开发银行顺利开展首次国开债做市操作。同年,为落实《中国人民银行金融市场司关于试点开展金融债券弹性招标发行的通知》精神,满足发行人弹性招标需求,公司上线国家开发银行弹性招标开发项目,成功支持国家开发银行通过自动化计算完成金融债券弹性招标发行。

对接中国银行实现美元清算直通式处理。公司设计建立了支持多渠道、多产品、多币种的资金结算体系和集团统一的资金账户体系,支持多币种资金结算。2019年公司成功与中国银行实现接口系统层面的技术对接,为实现美元债券的DVP结算以及付息兑付业务的自动化处理迈出了坚实的一步。

推出企业债务风险监测系统。2019年,根据国家发展改革委的委托,公司开发建成"全国企业债务风险监测系统"(一期)。该系统可覆盖全部地方国有企业,可自动生成企业债务风险评价、资产质量等相关指标,为降杠杆工作提供重要抓手。该系统首次实现了异地开发、部分自主研发、核心自主掌控和首次跨中心部署。

升级系统支持三方回购。根据人民银行关于推出银行间债券市场三方回购业务的相关要求,公司对系统进行升级改造,实现了后台DVP结算全流程电子化操作,并顺利上线。

参与财政部国家财政系统信息化建设工作。公司全面履行国家金融基础设施技术支撑职能,全资子公司中债金科信息技术有限公司作为主要技术支持方,承担全国财政核心一体化技术标准规范制定,参与内蒙古、黑龙江、贵州、西藏、甘肃、青海、新疆等省(自治区)和大连市财政核心一体化系统建设,并承担了财政系统运维服务中心业务工作。

四、科技创新赋能技术升级

公司将"重塑技术路线、强化自主掌控"作为重要战略部署,持续加强自主研发和前沿科技探索,提升自主掌控能力和核心竞争力,为长远发展提供创新动力。

公司推动实现了核心框架和技术平台自主开发,通过自动化工具和人工代码走查提升代码质量,深入开展安全技术研究和落地实施工作,推进各条线业务系统建设。2019年,公司和中国金融期货交易所联合申报的国债期货实物交割系统荣获中国人民银行颁发的银行科技发展奖

（银发奖）二等奖（公司为主申报单位），中债国际业务操作平台荣获银发奖三等奖。

公司致力于国产化软件产品探索，推进国产化基础平台应用和国密算法研究，完成网络、存储、计算设备国产化转型分析报告，深入开展分布式数据库、操作系统、消息中间件、任务调度软件等国产化中间件的研究和实施。

公司聚焦前沿核心技术领域，开展区块链、大数据、国产化应用等关键技术研究，持续跟进人工智能在金融行业的应用，展开对大数据领域高并发及大数据计算的学习研究，寻求解决统计系统性能问题的整体方案。由公司牵头、与中国金融电子化公司联合承担的"全球法人机构识别编码发展应用研究"获2018年金融标准化重点研究课题二等奖。

公司与清华大学开展校企金融科技创新战略合作项目，共同成立全国首家金融风险防范与金融科研联合研究院，并设置院士工作站。中债金科信息技术有限公司作为落地实施方，与清华大学联合承担金融科技领域技术创新项目和重大课题的研究及实施，包括国家级信息安全关键技术研究及应用、金融科技领域人工智能研究及应用、企业级数据治理体系搭建、科技团队人才培养等。双方将充分发挥在资源、科技、人才、信息和研究成果方面的优势，提升公司自主创新能力和核心竞争力，确保公司IT技术能力的先进性、领先性，以及产业界科技创新的领先地位。

公司全面推进科技管理转型，建立覆盖制度、项目、标准、架构、资源的统筹管理体系；有序推进IPv6改造、软硬件正版化及信创工作；启动企业架构规划，推动"中债研发工艺"落地。2020年完成区块链技术平台从0到1的建设，完成数据沙箱和客户画像（一期）开发，全年申请发明专利8件、软件著作权2件。

五、金融科技应用提升多层次服务效能

公司在估值、企业债受理、信贷流转、理财登记等业务中积极开展金融科技应用，服务水平显著提升。

中债估值中心持续深化金融科技应用。一是建设功能更完善、架构更合理、技术更先进、管理更科学的新一代IT支持系统。新一代系统在规划设计方面，采用先进建模方法论指导业务需求和实施工艺，提高项目实施水平，通过组件化设计推动系统产品化发展；在技术架构方面，加强新技术应用，强化自主掌控，全面引入微服务、弹性计算资源池等分布式技术架构，显著提高系统的稳定性、灵活性和可扩展性，形成适合价格产品业务特点的微服务分布式技术框架平台；下一步还将引入人工智能、实时计算等新技术，不断支撑业务运营提质增效、高速发展。

深化数据平台和数据治理。基于业界主流技术和架构模式建设新一代数据仓库，实现万得、财汇、彭博等多数据源高效整合接入，采取日间多批次一体化作业任务管理，实现了远高于传统数据仓库T+1数据处理的吞吐时效，为估值价格产品体系运作夯实数据基础。同时，初步完成数据管理体系建设，支持数据标准管理、数据文档检索以及元数据关联查询，助力数据治理水平不断提升。在此基础上，未来将全面引入大数据技术，搭建大数据技术平台，为下一步全方位接入公告、舆情、财务和股权数据，建设企业关键数据库，提升金融风险发现和识别能力夯实基础。

打造金融量化研究平台，快速支持发布中债ESG评价系列产品、中债债券预期信用损失、关键利率久期、中保登保险资产管理产品估值、绿色债券指数等特色产品。同时，采用容器技术实现应用打包部署，形成标准化、快速态的部署实施能力，将平台打造成账户之间资源

隔离、支持横向扩展、可监控平台运行状况的金融量化研究平台。

研发中债量化分析工具平台产品，支持中债估值中心打造"平台"和"生态圈"，提升客户黏性，集成公司具有独特优势的关键产品能力，打造数据可视化、中债量化分析工具、用户组合场景、基础框架管理四大功能板块，推出债券浏览器、指数计算器、一级市场分析工具等核心能力，直达目标客户，助力公司创新战略落地。项目服务端采用微服务框架，支持性能弹性扩展和敏捷迭代，兼具安全可控和动态更新发布的特性。

支持中债估值中心获得高新技术企业和双软认证。2019年获得中债估值上海关键收益率输出系统、中债价格产品数据分发系统、中债估值技术指标质量监测与分析系统等软件著作权8件，2020年获得中债金融估值中心价格指标产品公式库系统、中债价格指标行情分析系统、中债SPPI测试服务系统等软件著作权5件。

此外，企业债受理审核采用人工智能OCR识别。为把握金融科技带来的新机遇，企业债服务中心利用公司技术力量，积极探索运用科技手段来支持企业债券受理审核业务工作开展，着力为监管部门和市场参与机构打造数字化、智能化的企业债券服务平台，进一步提升企业债券服务水平和市场机构获得感。目前，企业债服务中心已在企业债券受理审核系统中应用人工智能OCR识别功能，对开户申请表和注册通知书中的相关要素进行提取与反填，在一定程度上帮助业务人员提高工作效率。未来，企业债服务中心将继续关注大数据、人工智能和区块链等技术的发展，进一步探索应用更多的科技手段提升服务水平。

银行理财信息登记系统应用XBRL技术直联。随着登记信息的不断丰富，特别是2018年10月1日开始的投资者信息登记，单家理财发行机构日均登记数据量由万级发展到十万级甚至百万级，人工数据导入的方式已无法满足海量理财数据的登记。为此，自2016年起，理财中心补充完善了基于XBRL技术的银行业理财信息登记数据元规范，推广了基于 XBRL 技术的直联登记方式，有效提升了数据质量，降低了人工登记的操作风险，也大大减轻了直联接口服务器端的运行压力。从实际运行看，百万行级别的 XBRL 文件大小在兆级别，系统在文件生成和传输过程中表现良好。在数据处理方面，基于 XBRL 的直联方式在数据解析、校验和入库等环节也表现出较大优势，校验入库时间仅为 EXCEL 文件方式的十分之一左右。

第五节　继承创新　酝酿形成"中债方案"

近年来，公司积极贯彻中央全面深化改革委员会对金融基础设施建设提出的"布局合理、治理有效、先进可靠、富有弹性"十六字方针，结合金融基础设施建设的国际标准和实践经验，形成基于中央确权，支持多层次债券服务体系的"中债方案"，助力中国债券市场平稳高速发展。

一、"中债方案"基于中央确权，支持多层次债券服务体系

公司始终致力于金融基础设施建设的国家事业，在长期实践中开创了集中统一、透明高效的中央登记托管体系，有力支持了中国债券市场 20 多年来的稳健运行和快速发展。公司依托成熟稳定的中央登记托管体系，秉持包容、合作、共赢的宗旨，研究提出了兼容度更高、更符合市场发展规律的"中债方案"。

"中债方案"以"中央确权、穿透监管、多级服务、合作共赢"为指导原则，构建债券登记托管结算多层次服务体系。在遵循现行托管结算体制的基础上，通过创新安排增强制度弹性，容纳、融合托管银行中

介层的多级服务需求，与市场同行，共享发展机遇。

坚持中央确权，就是传承发扬适合中国国情、透明高效的托管体制，坚守公司中央登记托管结算的初心和使命。履行财政部赋予的"国债托管实行全国集中、统一管理的体制"的职责和人民银行赋予的"中央登记、一级托管及结算"的职责，保护投资人合法权益，确保交易结算安全高效。

坚持穿透监管，就是为主管部门提供底层穿透、完整准确的监测数据，为监管决策提供科学专业的依据。充分发挥公司作为监管支持单位的作用，以高效率、低风险的强穿透模式落实穿透式监管，坚决贯彻资管新规关于"单独管理、单独建账、单独核算"的精神。这也符合国际上强化透明持有透明监管的趋势。

坚持多级服务，就是深化托管维度，融入市场生态，提升多级服务效率，满足各类债券市场参与者的差异化需求，为投资者提供更专业便捷的入市服务，助力中国债券市场对外开放。除中央确权领域外，便利投资者的商业中介业务更多让多方商业机构参与。在此过程中，遵循《金融市场基础设施原则》等国际标准，对接国际习惯安排，妥善考虑境内外便利性，服务多层次入市需求，做到稳妥有序、风险可控、内外联动、高效便捷。

坚持合作共赢，就是与市场参与者实现信息共享、利益互惠、合作共赢，共同推动债券市场高质量、高水平、稳定发展。依托安全高效的中央托管结算服务体系，与境内外托管银行合作共赢，让利共享，协同提供多层次服务，惠及投资者。同时，通过费用调整、合作推介等方式，适度利益下沉，发挥托管行积极性，维护良好生态。

二、"中债方案"具有国际先进性和广泛适用性

"中债方案"体现了原则性和灵活性的统一、继承性和创新性的统

一，在发挥现行制度优势的同时，具有良好兼容性和广泛适应性。"中债方案"具有可控性强、监管便利、操作风险小、法律关系清晰等特点，能够满足债市发展不同需求，为穿透监管提供了有力抓手，是筑牢国家金融安全屏障、维护金融基础设施安全的良好制度安排。

"中债方案"是解决债券市场多个重要问题的钥匙。比如，长期以来，托管后台碎片化固化了市场分割，不利于市场安全高效运行和实现有效监管；"中债方案"以中央确权为基础，具有市场信息集中、监管监测全面、风控管理高效、市场连接简洁等优势，以此推进托管结算基础设施的统筹整合，有利于解决市场分割问题，提升市场运行的有效性和安全性。

再如，理财子公司产品在中央托管机构单独开立债券账户运行效果良好，推行不透明的多级托管与市场规律不符，存在风险隐患；"中债方案"应用于理财子公司产品入市，采用代理总户+产品隔离账户的情形时，能够化解理财产品入市的市场风险和法律风险。

又如，关于扩大境外投资者入市渠道的问题，出于安全与效率的权衡，应坚持一级托管账户体系，多级托管可作为针对部分中小投资者的补充，但需实现穿透登记；"中债方案"应用于托管行以多级托管服务境外投资者入市的情形时，代理总户+明细隔离账户，能够通过中央确权安排化解境外投资者对我国金融主权的威胁，发挥中资金融机构在中国法律法规、司法实践、中央登记托管体系、市场结构等方面的主场优势，提升话语权和市场竞争力。

三、"中债方案"服务案例——MOX 模式

2019 年 7 月，中央结算公司作为全球簿记管理人，与澳门金融基础设施——中华（澳门）金融资产交易股份有限公司（MOX）合作，为财政部在澳门发行首只 20 亿元人民币国债提供全面支持，创设了"镜

像账户、同步登记、中央确权"的发行登记结算模式。

在MOX模式的支持下，2019年7月4日，20亿元人民币国债在澳门顺利发行，受到了离岸市场多类投资者的广泛欢迎和踊跃认购，非零售部分（17亿元）认购倍数达3.2倍。MOX模式将内地成熟、先进的发行系统和债券管理制度运用到澳门债券市场，推动澳门本地债券发行、交易、登记、托管和结算等系统建设，全力保障首单国债发行，开创性地建立起一体化工作机制，形成国债"一本账"。

MOX模式是落实财政部境外发债部署、尝试以中央确权服务跨境投资的"中债方案"，该模式下投资者在澳门开立账户，同时MOX和中央结算公司合作，代投资者在中央结算公司开立明细账户，实现中央登记确权。MOX模式是对两地金融基础设施跨境互联的有益探索，形成了可复制、可推广的模式，为后续进一步推进两地互联互通打下了坚实基础。

第六节　兼容并蓄　全面支持债券市场对外开放

2016年，人民银行发布《关于进一步做好境外机构投资者投资银行间债券市场有关事宜的公告》（中国人民银行公告〔2016〕第3号），丰富了合格境外投资者类型，进一步便利了境外投资者备案入市，是中国债券市场全面开放的重要里程碑。公司配合开放政策，践行"中债方案"，支持多样入市模式，提升国际化服务水平，构建跨境登记托管、跨境发行、跨境担保品、跨境信息产品等多层次服务，有效促进债券市场开放深化，成为债券市场对外开放的主门户。

一、支持多样入市模式，"全球通"主渠道活力充分释放

2010年，三类境外机构获准进入银行间债券市场，标志着中国债

券市场正式开放，由此开启了境外机构直接入市的"全球通"模式。2016年，中国人民银行第3号公告允许各类金融机构投资银行间债券市场，开展债券现券交易以及基于套期保值需求的债券借贷、债券远期、远期利率协议、利率互换等交易，并取消额度限制。中国债券市场由此步入全面开放阶段，"全球通"模式驶入快速发展轨道。

"全球通"模式采取"一级托管+结算代理"的制度体系，境外投资者在中央结算公司开立实名账户，委托具备国际结算业务能力的银行间债券市场结算代理人进行债券交易和结算。该模式下，投资者直接持有债券，法律关系清晰，权益确定性强，结算环节少，效率高，账户能够真实反映投资者的债券和资金运动，具有安全、简洁、透明的特点，能够实现穿透监管。境外央行/货币当局以及港澳人民币清算行也可直接开户并进行债券交易结算，不过实践中一般都选择通过结算代理行入市。

"全球通"模式在实践中得到了国际众多投资者、合作中介和境外重要市场中央托管机构的认可，成为境外投资者进入中国银行间债券市场的主渠道，特别是境外主权类机构等稳定资金的入市首选。截至2020年12月末，中央结算公司为1208户采用"全球通"模式的境外投资者提供托管结算服务，债券托管余额为21949.97亿元，约占公司所服务的境外机构持有总规模的76%。"全球通"投资者包括境外央行或货币当局、主权基金、商业银行、证券公司、保险公司、基金产品、资管产品等，覆盖了准入范围内的全部境外投资者类型。其中，境外主权类机构投资者全部选择了"全球通"模式，这也有力促进了人民币储备货币功能的发挥。从投资者类型分布来看，"全球通"模式以境外大中型投资者为主，户均持债20亿元以上。

在"全球通"主渠道活力充分释放的同时，公司积极配合开放政策，支持多样境外机构入市模式。2017年，中央结算公司与人民币跨境支付系统（CIPS）、香港债务工具中央结算系统（香港CMU）互联，支持"债券通""北向通"上线运行，并于2018年以"中债模式"实现DVP结算自动化处理。"债券通"模式下，投资者通过香港CMU间接进入银行间债券市场，在境外通过多层中介逐级上报。其投资者以境外中小商业类机构为主，是"全球通"模式的补充，但无法实现穿透监管。2019年7月，公司与MOX合作，支持人民币国债发行，基于"中债方案"创设了中央登记确权的MOX模式。

目前，公司已形成了中国特色兼具国际惯例的中债服务模式和账户体系，全面支持境外机构参与境内债市的"全球通"模式、香港"债券通"模式、MOX模式等，成为中国债券市场开放的重要门户和主力平台。

截至2020年末，境外机构持有银行间债券32547.22亿元（包含"全球通"模式与香港"债券通"模式），约占银行间债券市场总量的4%，境外机构持债量已比2015年末翻两番，市场参与度持续提升。其中，境外机构投资者在公司持债2.88万亿元，占其在银行间市场总托管量的95%（不含同业存单）。

从持有品种看，境外机构持有的债券品种主要为国债、政策性银行债等高等级债券（占97%以上），持有的国债已占记账式国债存量的10%左右。以国债、政策性银行债为代表的高等级人民币债券在2019年和2020年相继纳入彭博巴克莱全球综合指数（BBGA）和摩根大通旗舰全球新兴市场政府债券指数系列（GBI-EM）。2021年10月起，人民币国债纳入富时罗素世界国债指数（WGBI）。中央结算公司托管的高等级债券资产的国际吸引力不断增强，日益成为全球金融市场的"避风港"，为不确定的全球资本提供安全公共产品。

在"中债方案"框架下，公司正在探索对"全球通"模式做进一步拓展创新，使其具备更强的弹性和包容性。比如发挥结算代理行、托管行功能，使之既能发扬中央确权、穿透监管的制度优势，有利于我国掌握开放主动权，又能兼容并蓄，为境外投资者特别是不熟悉中国市场、体量较小、操作能力较差的中小投资者提供入市便利，尊重和满足投资者多样选择。

二、扩大中债价格指标产品境外应用

中央结算公司发布的中债价格指标产品是人民币债券市场广泛应用、认可度最高的基准指标体系。近年来，中债价格指标产品积极拓展境外应用，为境外投资者提供了可靠的量化工具和跟踪标的，助力金融市场开放和巩固人民币定价权。

受世界银行委托，中债估值中心编制了中债利率指数，反映以某类人民币资产利率进行投资所获收益变化水平，包括中债—SDR人民币3个月固定期限利率指数和中债—金融机构人民币超额存款准备金利率指数。2018年，世界银行使用中债利率指数作为人民币投资的业绩参考基准，其也成为国内外投资者衡量持有人民币资产收益水平的基准指数。

2017年，中央结算公司正式成为指数行业协会（Index Industry Association，IIA）在中国境内的第一家机构成员。2018年，中债绿色系列债券指数在卢森堡证券交易所成功挂牌展示；中央结算公司与IHS Markit联合发布的"中债iBoxx指数"，成为首只运用中国债市基准价格打造发布的全球品牌人民币债券指数。2019年，以"中债—10年期国债及政策性银行债绿色增强指数"为跟踪标的的新光中国政金绿债ETF正式在台湾证券交易所挂牌上市；"中债—工行人民币债券指数"通过新加坡证券交易所面向全球成功发布。2020年，跟踪"中债—工行人民币债券指数"系列下"中债—工行1—10年国债及政策性金融债指数"的"日兴资管—工行新加坡中国债券ETF"在新加坡证券交易所成功上市；中债绿色系列债券指数、中债离岸人民币债券指数及中资美元债指数等5只债券指数，通过MOX官方网站进行展示。

2019年起，中央结算公司陆续推出离岸人民币中国主权债及政策性金融债、中资美元债和中资欧元债曲线、估值和指数，为离岸人民币债券市场和中资机构在国际市场融资提供重要的定价参考。

目前，中债价格指标产品每日通过彭博、路透、明晟（MSCI）等国际信息商向全球投资者发布，在支持债券市场对外开放的同时，有效巩固了人民币定价权，维护了国家的金融稳定与安全。

三、拓展人民币债券担保品跨境合作

响应国家金融开放战略，公司积极推进人民币债券担保品跨境服务，助力债券市场开放和人民币国际化。公司在跨境发行、跨境融资、货币互换、外币拆借等多个跨境金融领域深耕厚植，持续延展人民币债券担保品跨境使用的广度与深度。

拓展跨境担保品服务领域。公司为多家金融机构的跨境融资、海外发行、货币互换等业务提供全流程服务，累计支持担保品规模超1000亿元。2016年10月，公司支持工商银行与尼日利亚中央银行办理货币互换质押业务，这一业务是公司在跨境货币互换业务领域的创新尝试，成为公司在跨境担保品管理服务领域新的着力点。2016年11月，公司支持中国银行伦敦分行在境外发行"绿色资产担保债券"，揭开了境内银行以境内绿色债券作为担保池在境外发债这一创新业务的序幕。2017年5月，财政部国际财金合作司开展的国外贷款业务正式启用公司担保品管理服务系统，截至2020年末，公司累计支持国外贷款业务操作约477亿元，发挥了担保品管理的风险管控作用，促进了国际金融组织贷款的投放。2019年4月，与中国金融期货交易所合作，共同支持首单境外投资者使用债券作为期货保证金业务落地，债券作为期货保证金制度首次服务于境外投资者。2020年4月，支持首单自贸区外币融资担保品管理业务落地，为境外美元贷款提供人民币国债担保服务，为自贸区融资体系构建起全面的风险防范和化解机制，成功入选了2020年第十批自贸区金融创新案例。

推动中英跨境担保品互认。2019年，公司深度参与中英资本市场工作小组会议，推动"双方同意推动人民币债券成为英国市场普遍接纳的合格担保品"正式纳入第十次中英财经对话政策成果，从国家和监管层面予以关注和支持，具有里程碑意义。以此为契机，公司不断加强与欧洲监管、基础设施及金融机构的沟通联络，打通担保品互认渠道，推动人民币债券在英国市场上的运用。

深化担保品跨境合作。2020年，公司继续积极服务国际化大局，推动落实"中债方案"，深化跨境合作，创新担保品合作模式，与欧洲清算银行、伦敦证券交易所集团等国际金融基础设施机构，与国际掉期与衍生工具协会（ISDA）、ICMA等国际行业协会，与花旗银行、摩根大通银行等全球托管行，与工商银行、中国银行等结算代理行合作，探索打造创新型跨境担保品合作平台，在更加专业、务实的跨境合作中实现互利共赢。2020年9月，公司与ISDA合作撰写的联合白皮书《使用人民币债券充抵场外衍生品交易保证金》中文版在境内正式发布；2021年3月，ISDA在官网上正式对外发布英文版白皮书。这是境内金融基础设施机构与国际权威行业协会的首次合作，以期用更高站位、更全视角探讨使用人民币债券充抵国际场外衍生品交易保证金的可行性，为人民币债券资产的跨境应用打开新思路。

四、积极推进基础设施互联互通

随着金融业开放提速，金融基础设施互联互通已成为提升债券市场能级与推动债券市场对外开放的关键环节。中央结算公司持续研究推进国际金融基础设施的互联互通，优化债市开放路径，提高债市开放效率。

2017年以来，公司先后与明讯银行、欧洲清算银行、新加坡证券交易所等签署战略合作备忘录，并紧密对接国家金融开放战略，对标国际规则，积极探索与俄罗斯国家结算存管机构（NSD）等的跨境互联合作解决方案，助力债市深度开放。

2019年9月，中央结算公司与欧洲清算银行（Euroclear）在上海签署合作备忘录。双方将发挥各自的优势，积极开展合作，构建以"中央登记确权、多级服务客户"为核心的服务方案框架，以防范风险为底线，以高效便利为目标，聚焦境外投资者入市投资需求，在"全球通"模式基础上携手探索为境外投资者直接参与中国债券市场建立更为便捷高效的路径方式。

2019年，公司作为人民币国债的全球簿记管理人，与MOX合作支持在澳门离岸发行20亿元人民币国债，支持澳门发展现代金融服务业。中央结算公司与MOX在发行系统搭建、前后台业务方面加强联动，有力促进了澳门与内地债券市场的互联互通。双方于2020年12月联合推出"债券信息通"产品，面向全球投资者提供银行间债券市场的信息展示服务，首批引入5只中债指数登陆MOX，包括中债绿色系列债券指数、中债离岸人民币债券指数等，为粤港澳大湾区提供多样化的债券价格参照基准。

2020年12月，中央结算公司与新加坡证券交易所成功签署业务合作备忘录，推动债券市场跨境互联互通等领域合作，便利境外投资者深度参与银行间债券市场，为两国双边金融领域交流合作注入新活力，进一步推进了中国债券市场高水平开放。

五、依托自贸区推动跨境债券业务创新

党的十九大报告强调要赋予自贸试验区更大改革自主权。公司在主管部门指导下，忠实履行国家重要金融基础设施职能，依托上海自贸区

金融开放和跨境金融服务创新等制度优势，持续探索和发展上海自贸区债券业务，助力浦东打造金融领域国内国际双循环的战略链接，全力支持上海国际金融中心建设。

2016年12月，公司发布《中国（上海）自由贸易试验区债券业务指引》，支持上海市政府成功发行首只自贸区地方政府债券，首次尝试发行环节同时面向境内、境外投资者双向开放。

2019年11月，公司搭建境外债券账户体系，运用国际通行的S规则，成功支持南京东南国资投资集团面向上海自贸区和境外投资者发行10亿元企业外债，并于2020年在MOX成功挂牌上市，实现FT账户下的资金回流。

此外，公司积极服务国家关于上海国际金融中心建设战略，助力人民币定价中心地位的确立和巩固。2017年，参考法国、德国等成熟国家经验，以国债收益率曲线为基础，在上海发布上海关键收益率（SKY）曲线。SKY包含3个月期、1年期、3年期、5年期、7年期、10年期等6个期限，提升了中债国债收益率曲线的直观性和使用便利性，更加契合国际惯例和市场需求，有助于国债收益率曲线定价基准作用的充分发挥，是推动国债收益率曲线深度应用的重要一步。2019年，公司编制发布了中债长三角系列债券指数，从地方政府债等维度刻画长三角地区债市运行特征，这是债市定价基准的重大创新应用，丰富了上海国际金融中心的价格体系，提升了上海国际金融中心全球影响力，助力上海全球人民币资产定价中心地位的确立和巩固。

近年来，首只中国（上海）自贸试验区债券发行，首单自贸区外币融资担保品管理业务等成功入选第七批、第十批上海自贸区金融创新案例。公司上海总部、中债估值中心联合申报项目"首只中国（上海）自贸试验区债券发行及'上海关键收益率SKY'发布"获上海金融创新奖一等奖。

六、深度参与澳门债券市场建设

2019年，为庆祝澳门回归20周年，财政部在澳门首发人民币国债。在财政部指导下，公司为澳门国债项目提供了技术、业务等支持，无偿援建了澳门国债发行系统，给澳门方面留下了深刻印象，时任澳门特首向财政部领导表示，希望公司深度参与澳门债券市场基础设施建设。2020年以来，公司在财政部、澳门中联办指导下，应澳门特区政府邀请，积极参与澳门债券市场中央登记托管机构建设的专业咨询工作，澳门特区政府经济财政司司长两次莅临公司，澳门金融管理局主席也到访过公司。

目前有关专业咨询工作已顺利完成，公司就分步实施澳门CSD建设方案与澳门方面达成合作意向，并经澳门特首批准与澳门相关部门签署了合作备忘录，方案正式进入落地实施阶段。澳门项目得到了国家管理部门的高度关注，财政部国库司、金融司指导公司积极推动落地实施；澳门中联办对项目进展表示关心；国务院港澳办对项目高度关切；银保监会领导听取了公司汇报，勉励公司做好相关工作。

公司根据三步走建设目标，在2020年底协助完成第一阶段CSD系统建设和主要业务规则制定。

七、持续提升国际化服务水平

公司全方位完善对外开放综合服务功能，创新全球客户服务机制，实现集团化客户服务协同，为客户提供规范化、标准化、谱系化的服务支持，服务覆盖五大洲40余个国家和地区，有力保障了债市对外开放顺利推进。

全面优化客户服务机制。中央结算公司推出中英文版中债综合业务平台客户端（ChinaBond Integrated Operation Platform，CIOP），实现信息全英文化，支持全流程业务功能，并提供各项信息查询服务，打破了境外投资者参与银行间债券市场的语言障碍，满足了境外客户对英文信息查询平台的迫切需求。配合主管部门便利境外投资者入市制度安排，推进入市开户流程电子化，提高业务效率和操作灵活度；支持特殊结算周期 T+N（N≥4）结算服务，保障境外机构投资者充分利用不同结算周期；支持同一境外主体 QFII/RQFII 和直接入市渠道下的债券非交易过户。提供全业务周期服务解决方案，构建多工具集成的集团化客户服务平台及客户关系管理系统，打造专业、高素质服务团队，创新优化全球客户服务流程。2020 年，公司正式启用 CRM 系统，落地境外投资者开户材料电子化接收服务，推动境外投资者发行分销业务优化方案、ETF 实物申赎方案、信息产品等专项工作。

积极拓展国际合作。与境内外金融基础设施机构、全球托管行、行业协会、律师事务所、会计师事务所、信息商等专业机构开展交流合作，积极拓展国际合作空间；与中国银行业协会共建伦敦代表处，通过海外布点拓宽全球服务半径，提升国际服务质量；参与由政府部门牵头建立的人民币监测工作小组、中英金融市场基础设施工作组等，持续推动跨境互联合作。

持续加强海外宣介。公司突出"精准化"营销，有重点、分阶段地加大海外宣介和"全球通"营销力度，梳理目标客户，并安排客户经理重点突破，持续加大宣传力度，打造了以债市开放为主题的境外投资者年会、推介会、专题研讨会、业务宣介会、入市培训会等业务交流活动，多渠道宣传中国债券市场投资信息及公司业务；开通面向境外投资者的门户网站 https：//global.chinabond.com.cn，进一步便利境外投资者了解和参与中国债券市场。

第六章

中央结算公司的未来

（2021年至今）

第六章 中央结算公司的未来（2021年至今）

乘风破浪开新局，砥砺奋进谱新篇。新时代赋予了金融市场新的定位和使命，"十四五"规划确定的战略部署也对金融基础设施提出了更高要求。展望新征程，中央结算公司将顺应国内外发展环境的深刻变化，把握国家重大战略需求，充分发挥债市核心运行平台、宏观政策支持平台、金融定价基准形成平台、债市开放主要门户的作用，朝着建设国际一流金融基础设施的目标持续前进。

第一节 未来已来 "十四五"顺利起航

2021年是"十四五"起航之年，公司在主管部门的指导下，立足国家重要金融基础设施的职责使命，推动各项业务健康发展，核心业务守正创新，信息科技稳步升级，管理效能精益求精，金融基础设施核心竞争力持续增强，高质量发展取得新成效，实现了"十四五"良好开局。

一、忠诚履职，核心服务推新创优

公司持续完善金融基础设施服务体系建设，在"债券、数据、担保品、金融资产"四大板块精准发力，扎实履职支持宏观政策，守正创新提升服务效能。

（一）债券服务能力持续提升

充分发挥国家重要金融基础设施作用，扎实推动国家宏观经济政策落地落实。助力财政政策积极有为，公司支持国债发行6.7万亿元，地方债发行7.5万元，支持中央和地方国库现金管理超5万亿元，地方债柜台发行工作全面推开，34家地方债发行人通过柜台发行债券，完成

行国之大道　铸金融之基

44个省市地方债广告宣传投放工作，充分满足重点客户个性化需求，牵头申报地方债柜台发行支持服务案例，入选中国银行业协会2021年普惠金融典型案例，政府债券综合服务体系不断完善，促进政府债券市场更好地发挥债券市场"压舱石"作用。服务货币政策精准实施，公司支持公开市场操作和创新工具超27万亿元，完成京沪三个公开市场业务备用场地搭建，建立"两地一主三备"体系，强化公开市场业务连续性管理。支持产业政策有效引导，公司助力企业债券注册制改革再上台阶，2021年全年支持企业债券发行超6000亿元。2021年10月，公司受国家发展改革委财政金融司委托，克服疫情、灾情双重考验，成功承办第九届创投峰会四大系列活动，赋能经济转型和产业创新。

持续优化债券全生命周期服务，保障债券市场稳健运行。功崇惟志，业广惟勤，"十四五"开局之年公司支持债券发行22.8万亿元，期末债券托管量为87.2万亿元，债券结算量超1900万亿元。公司多渠道推进发行创新，国家开发银行首次面向全球投资人以直接招标模式成功发行5年期120亿元金融债券，首次引入境内外投资人直接参与国开债发行投标认购，为全球投资者参与中国债券一级市场提供便利渠道。公司支持广东在全国率先探索地方债定价区间创新，推进地方债发行定价市场化改革，成果已推广至全国20余个省市。为更好地打造全流程一体化发行服务体系，公司根据市场需求开发建设路演平台，为债券市场提供专业、中立、安全的债市路演服务和市场主体关系互动平台，其成为公司业务服务向前延伸的重要工具。公司持续优化业务流程，全面推行非法人产品业务协议"一组一签"，后续双方名下所有产品均可复用，较原模式减少近70%的重复协议签署，推动债券业务运营工作不断提质增效。为了更好地服务信用债市场建设，公司研究债券信息披露数据库建设实施方案，推动建立企业债信息披露数据库，这对于提升债券市场信息披露数字化和标准化水平具有重要意义。

支持澳门债市建设，贯彻落实国家区域重大战略。自2019年支持澳门首单人民币国债发行以来,在财政部、银保监会、国务院港澳办、澳门中联办等国家管理部门的关注与指导下,根据澳门特区政府工作意愿,公司积极参与澳门债券市场和CSD建设咨询。2021年7月,与澳门金融管理局就分步建设澳门CSD工作达成合作意向并签署合作备忘录。随后迅速推进澳门CSD首期系统开发、业务规则制定、人员交流培训等工作,用5个月时间完成澳门CSD业务系统建设并按期向特区政府交付,积极推动澳门CSD机构设立并支持初期运营。这是公司历史上首个综合智力输出、技术输出、人才输出的跨境合作项目,被纳入中央支持澳门政策框架,是公司发展历程中的标志性事件。

支持绿色发展,助力绿色金融体系构建。凡益之道,与时偕行。公司积极响应国家"2030碳达峰、2060碳中和"的重大战略决策,积极参与全国碳市场建设研究。2021年7月16日,国家宣布全国碳排放权交易市场正式启动,全球最大的碳市场有望形成。公司参与编制的首批全国碳排放配额系列价格指数,也于当日成功发布。公司还推出国内首只"碳中和"绿色债券指数。碳交易市场将成为公司展现专业积淀、发挥国家金融基础设施重要作用的新蓝海、新战场。同时,公司持续探索金融基础设施支持绿色发展的创新之路,为绿色债券提供全生命周期服务,积极参与我国绿色金融体系建设,支持人民银行碳减排支持工具、煤炭清洁高效利用专项再贷款工具实施。公司经过长期深耕探索,构建了"中债绿色债券环境效益信息披露指标体系",首次针对"203+2"个细分行业设计了30个通用指标和13个特殊指标,为绿色债券环境效益信息披露提供标准化依据,具有国际领先性。在建立指标体系的基础上,公司打造了绿债数据库和绿债门户网站,以标准化和数字化改革破解了绿色债券环境效益信息披露的瓶颈,夯实绿色债券环境效益数据统计基础,相关成果被各方广泛认可。"中债—绿色债券环境效益信息指标体系及绿债数据库"获评国际金融论坛(IFF)"全球绿色金融创新奖"、2021年粤港澳大湾区绿色金融联盟"优秀案例",公司荣膺 2021 年金融时报社金龙奖"年度最佳绿色金融创新发展支持机构"。

（二）数据战略创新引领

擘画金融基础设施数据治理蓝图。致广大而尽精微，公司在多年深耕数据治理的基础上发布数据战略，明确"统一数据管控，统一数据供给，统一数据服务，严守数据红线"建设方针，打造含数据服务能力、数据管理能力、数据运营能力、数据要素创新能力和数据续航能力在内的"五位一体"数据战略体系，形成丰富、权威的数据产品和服务，筑牢数据化服务基础。为践行公司数据战略，深入挖掘公司海量数据的资源价值，公司从零起步，研究形成基于大数据的客户画像构建方案，以"全面掌握客户特征，创造客户服务新价值，满足全面穿透式市场监管"为目标，对公司客户各类信息进行抽取整合、深入分析、建模贴标，形成展示客户多维度、全历史、可视化信息的创新数据产品。客户画像一期于 2021 年 1 月正式上线，有力支持了多层次客户服务和运营决策，在重要客户交流、定向服务汛情受灾地区等实际业务场景中发挥了重要作用。

持续推进估值服务升级创新。中债估值中心价格指标体系持续扩展创新，并试编中国地方政府债收益率曲线，首次发布了 2 年期关键期限国债收益率，定向试发布日间国债收益率曲线与估值。中债估值中心精心打造以"有趣、有效、有益"为目标的"量化博士"DQ 系统作为公司业务的展示平台，入选第二届"全球金融科技创新案例"，为延伸估值服务价值链夯实基础。中债估值中心推出了风险与合规产品，满足市场成员更加精细化的风险管理需求，发布中债市场隐含违约率和中债流动性指标，分别反映发行主体信用风险变化和债券潜在交易活跃度，为市场机构开展流动性风险管理提供有力工具。为进一步落实资管新规等的相关要求，中债估值中心与中保保险资产登记交易系统有限公司联合试发布中债—中保登保险资产管理产品合同现金流量特征和预期信用损失，充分考虑保险资产管理产品设计灵活、条款复杂等特点，提炼形成近300个数据元的保险资产管理产品新金融工具准则配套服务数据标准，为保险资管行业实施净值化转型奠定了坚实的基础。

提升统计服务质效。革故鼎新，破而后立。公司对"统计月报"进行24年来的首次全面优化改版，创新"8+N"模式，即8张常规统计报表与N张专项统计报表，既保证常规公开数据的简洁、稳定，又兼顾专项数据披露的灵活。公司运用新技术打造的可视化产品"中债数据"成功上线，简洁、生动、及时地展示了最新业务数据，对内营造数字化氛围，对外提升公司数字化形象，受到广泛好评。已在京沪深三地办公区域、微信公众号等多渠道展示，持续提升宣传效果。同时，公司利用数据挖掘技术，围绕公司业务和市场热点，着力打造选题丰富、针对性强的专题风险监测报告，2021年完成《境外投资者近期减持国债行为分析》《理财子公司产品债券投资模式及相关情况》等报告11篇。

（三）担保品管理创新突破

察势者明，趋势者智。2021年末公司管理中担保品规模突破17万亿元，连续五年成为全球最大债券担保品管理平台。公司制定了以"ACE战略"框架为核心的担保品中长期发展规划，打造跨市场、跨区域、跨资产的中债担保品生态圈，充分发挥担保品机制的风险稳定和流动性促进作用。公司还开展了担保品十周年系列活动，举办"十年复始 洞见未来"担保品国际论坛，连续五年打造高规格行业盛会，京沪深三地汇聚150余家机构的250余名代表，以更高视角聚焦担保品管理行业发展，会议效果获得公司内外高度评价，夯实行业领跑地位。

为深化公司服务人民银行货币政策实施，公司于2021年7月支持中小金融机构参与人民银行常备借贷便利业务DVP结算，并实现全流程一体化担保品管理服务。本次业务在人民银行行长亲自指挥部署下，由人民银行支付结算司牵头，货币政策司提供业务指导。公司高质量完成业务方案研定、系统工程改造、市场联调测试、业务运营保障等全流程。公司成功支持业务上线后,得到人民银行的高度重视和充分认可。本次业务落地强化了公司作为金融市场风险管理平台的职责定位,促使公司的担保品管理与结算服务更紧密地融入货币政策体系,为公司后续政策支持服务的深化创新打造良好基础。

公司持续提升担保品管理服务效能,以第三方担保品管理为核心理念,推出通用式担保品管理服务,于2021年6月正式落地,重塑公司担保品管理体系底层架构,跨资产担保品业务拓展破题。同时特别设置绿色资产池,构建国内首个标准化的绿色资产相关产品,由公司作为第三方担保品管理人,根据统一担保品管理参数,设立多类型资产池,进行全流程、一体化担保品管理,使投资者更加便利、高效地使用托管在公司的绿色债券作为担保品。通用式担保品管理服务有效拓宽了绿色债券的使用渠道,为持有人进一步盘活资产存量提供重要助力。

2021年7月,公司成功支持中国工商银行、中国建设银行、交通银行、招商银行、上海浦东发展银行、浙商银行开展外币回购业务,融资规模达2.7亿美元,质押债券超17亿元。该业务首次支持外币敞口管理,设计集汇率盯市与债券估值盯市于一体的"双盯市"功能,标志着中债担保品管理服务首次延伸至外汇市场,成为公司发挥金融基础设施效能、助力市场互联互通的又一里程碑。

(四)金融资产板块固本培元

推进信贷资产流转市场发展。为进一步夯实技术基础,银登中心完成银登新一代系统建设,形成贯穿全业务链条的高质高效综合技术平台,进一步提高信贷资产登记流转业务的规范性、安全性和便捷性。2021年1月7日,银保监会办公厅发布《关于开展不良贷款转让试点工作的通知》,指定银登中心作为转让业务试点平台。银登中心落实监管要求,发布相关业务规则及配套细则,为试点工作提供系统规范依据。3月1日，银登中心支持工商银行、平安银行以公开竞价方式开展首批不良贷款转让试点业务，转让标的包括单户对公不良贷款、批量个人不良贷款。挂牌后16家受让方参与竞价，经历多轮报价后交易成功，标志着试点业务顺利启动。同时银登中心根据银保监会工作部署，完成华融交易中心收购和接收工作，拓展不良资产服务版图，助力化解金融风险。

助力理财市场规范发展。为促进理财市场高质量发展，理财中心在银保监会的指导下，会同银行理财公司发起设立"理财20＋论坛"，旨在传导监管政策、凝聚行业智慧、强化行业自律、推进行业交流。同时，理财中心根据监管部门要求和市场需要，积极建设理财产品中央数据交换平台。通过建立理财行业数据交换标准，该交换平台可支持市场机构批量拓展销售渠道，有效解决发行机构与代销机构数据交换标准不统一、接口不规范的问题，消除机构之间需要逐一对接的行业痛点，降低信息传输成本，提高市场运行效率。交换平台一期已于2022年初成功上线，为市场注入全新动力，是理财中心解决行业痛点、创新市场服务的重要举措。

推进产业基金市场蓬勃发展。公司实际履行基金债项目合规性审核职责，这是注册制改革以来国家发展改革委财政金融司首次下放职能。公司首次编制产业基金登记指南，被国家发展改革委财政金融司指定为官方手册，持续规范基金登记流程，并编制登记审核内部规程和3个配套标准，深化数据库监管支撑作用。同时，公司创新应用知识图谱技术，挖掘基金与投资方向、行业、项目间的隐性关系，从不同的方向多维立体地描述基金的投资情况，支持主管部门合理引导产业投资基金投向，更好地服务于国家重大战略、重要规划、重点产业和重点项目。

（五）国际业务开辟新局

深入服务债市开放。志之所趋，无远弗届。公司持续打造我国债市开放主门户，支持境外机构连续 38 个月增持人民币债券，截至 2021 年末，公司服务境外客户超 1300 家，托管境外机构持有人民币债券突破 3.6 万亿元，再创历史新高。2021 年 10 月，公司受广东省财政厅邀请担任发行顾问，成功支持广东省政府在澳门特别行政区发行 22 亿元人民币地方债，为债券登记托管、发行定价、投资者宣介等提供咨询服务，中债估值中心发布的中债离岸人民币中国主权债收益率为本次发行提供了定价参考，助推地方债开放升级。这是继 2019 年中央政府在澳门发行国债后，首笔在澳门本地发行的地方债。同时，公司以金融基础设施跨境合作构筑债市开放的坚实基础，完成与 NSD 的双向互联方案及合作备忘录，成为国际金融领域新秩序、新模式的重要参与者和实践者。

自贸区离岸债券创新业务取得新突破。2021 年 2 月，依托公司在上海自贸试验区开立的 FT 美元账户为发行人提供集中汇缴募集资金服务，实现发行缴款 DVP。本单业务的成功落地，在公司历史上实现了三个"第一"：是公司登记托管的第一只离岸外币债券；是公司第一次为发行人提供募集资金集中汇缴服务，并同步办理初始登记确权，实现发行缴款 DVP；同时，本期债券的发行人普洛斯中国，也是公司服务的第一家纯境外企业发行客户。本单业务是公司探索开展国际中央登记托管业务（ICSD）的一次重要尝试，对于推进落实公司国际化战略具有重要创新意义。本期债券践行"以后台为核心，统一后台对接多前台"的债券市场运行理念，在香港簿记发行，在中华（澳门）金融资产交易股份有限公司（MOX）挂牌交易，同时支持多种形式的场外交易，由公司进行统一登记托管结算。通过上述安排，公司立足上海自贸区，实现债券要素、资金要素和交易信息要素的集中汇集和集中配置，在践行公司战略的同时，支持了上海国际金融中心建设，强化了上海在全球金融资源配置中的功能和地位。"十四五"开局之年，公司共支持境内外企业发行自贸区离岸债券 5 期，募集资金约 60 亿元，实现首次离岸外币债券登记托管、首次离岸公募发行、首次引入纯境外企业发行客户、首次引入境内司法裁判机构、首次发行缴款DVP、首次在新加坡证券交易所挂牌等多项创新突破，依托上海自贸区在金融开放和跨境金融服务等方面的区位优势，持续推进自贸区离岸债券业务创新突破。

国际服务能力持续提升。作为我国债市开放的重要窗口，公司积极搭建市场参与者多方沟通与交流平台，面向境外央行类机构等中债境外客户举办线上研讨会7次，建立并完善标准化客户需求响应机制，不断扩大中国债券市场国际影响力，提升海外投资者关注度，为助力中国债券市场更高水平对外开放发挥了重要作用。中债价格指标体系跨境应用持续深化，积极对接债券市场对外开放，新增服务外资客户数141家，同比增长9%，粤港澳大湾区系列债券指数、中债—工行绿色债券指数先后在MOX、卢森堡证券交易所挂牌展示。中债估值中心荣获国际知名财经杂志《财资》评选的中国市场"最佳固定收益指数供应商奖项"及"ESG最佳指数供应商奖项"。

二、精谋奋进，信息技术稳步升级

2021年公司继续贯彻落实党中央"创新驱动发展"的要求，根据《中华人民共和国国民经济和社会发展第十四个五年规划和2035年远景目标纲要》，持续提升自身作为金融基础设施提供者的科技含量和创新能力，在公司服务质量提升、业务连续性保障、高新技术储备等方面精谋奋进，进一步稳步推动信息技术升级，夯实金融基础设施硬实力，为金融业高质量发展注入强劲动力。

（一）科技治理持续加强

有序完善科技治理体系。朝受命、夕饮冰，昼无为、夜难寐。基于动力变革的战略指导，在统筹公司IT发展现状和业务需求的基础上，公司形成了首个IT五年发展规划，明确了"十四五"期间IT发展方向，体现了公司进一步提高科技发展水平的坚定信念。此外，公司还完善了信息技术工作机制，实现指导、管控、执行三功能分工协作，全面覆盖IT各领域管控要求，并按照研发、测试、运维、职能四个领域开展IT制度执行情况自查和整改。同时，公司基于科技治理领域的丰富实践经验进行提炼总结，形成《第二个两地三中心建设总体方案》等重大工作方案，为公司IT治理谋篇布局、科技治理再上台阶提供了基本遵循。

不断强化信息科技风险管理体系。金融基础设施的信息风险管理对于保障市场稳健运行至关重要，为了更加科学合理地管理信息科技风险，公司对信息科技的风险管理工作模式、工作思路开展了广泛的调研，并基于调研成果和内部评估，形成并发布了《信息科技风险管理办法》，从风险管理策略、风险评估、风险控制、风险监测和风险教育等方面，全面提升信息科技风险防范能力。为更加积极地应对突发事件，公司制定了连续性分级标准和关键指标，完成了所有信息系统的定级，形成全量信息系统清单，确定风险事件对业务系统的影响和恢复的优先级，将信息科技风险管理体系落脚在保障系统业务运行连续性上。此外，随着"雷雨风暴"专项工作的顺利收官，公司信息安全常态化治理水平显著提高，常态化风险排查与整改，应急事件协同分析、处置、跟踪的联动机制日臻完备。

有力推进公司企业架构体系。公司设立了企业架构专业委员会，并发布《企业架构管理办法》，初步形成架构制度体系框架，逐步建立企业级架构管控机制，构建金融基础设施企业架构目标蓝图。通过架构设计、方案评审、架构决策等方式，企业架构能够直接参与项目建设，进一步加强了IT架构与业务架构的整体合作，并能够不断跟进业务战略和技术发展的新趋势。同时，公司积极推进中债研发工艺落地，开展企业级UIUE预研、开发编码规范、软件版本管控、信创数据库攻关和资源池管控，将架构管控落实到项目建设的各个环节并在技术上进行固化,深化企业架构为信息系统建设和运行服务的目标导向。

持续深化数据治理体系。在制度框架建设上,公司形成了数据治理框架、企业级数据标准框架和企业级数据资产地图分配框架,使得数据治理有据可循。在具体的数据治理工具上,建立了多样化的数据工具,包括数据脱敏工具,结合国家安全和监管要求,开发完善区块链国密组件和隐私保护组件,有效实现金融敏感数据的可用不可见;实现大文件传输组件有效提升传输速率50%,实时流计算平台在进出口行债券做市业务等方面落地业务数据的实时处理。

(二)科技支撑固本强基

优化IT运营体系。日新者日进,"十四五"开局公司圆满完成多项重点项目建设的收尾,在北京通州数据中心、上海卡园数据中心投入使用的基础上,建成上海浦江数据中心,完成新一代系统切换至北京通州数据中心运行等工作,并真枪实弹地开展数据中心同城和异地灾备切换演练,至此公司两个"两地三中心"体系全面建成,一体化运维体系成功运转。同时,公司考虑到业务运行中的难点和痛点,创造性地建立了多条线客户管理系统,增加线上簿记功能,配套梳理制度文本,完成了银登新一代系统等项目上线,公司业务系统功能效率和客户服务能力大幅提升。同时公司继续扩充统一运管平台功能,完成中信登机房托管工作,成功输出了中债特色技术服务解决方案。公司实施的数据中心架构规划暨三年行动方案圆满成功。

落实服务标准化体系。十年磨一剑,一朝试锋芒,公司经过多年信息安全建设,各认证主体已构筑了科学有效的信息安全管理体系,达到了先进水平。网络安全审查技术与认证中心(CCRC)于2021年11月29日正式签发ISO 27001信息安全管理体系(ISMS)认证证书,这是公司首次获得信息安全领域的权威性认证,标志着公司信息安全管理水平与国际先进标准对齐。除此之外,公司还建立了IT服务管理

（ISO20000）和数据中心服务能力成熟度（DCMG）体系，启动了 TMMI 和 CMMI 建设，中债估值中心完成 CMMI3 认证评估，多措并举，落实了服务体系标准化工作。

强化信息安全体系。聪者听于无声，明者见于未形。经过多年信息安全专项治理的积淀，公司现在已经全面建成面向实战的信息安全新体系，完成公司首个覆盖"两地三中心"15 个安全逻辑区域的全面布防规划和标准化设计，实现了安全运营管理平台投产，并上线 235 台/套安全防护设备与系统，完成 9 个新建应用系统开发全生命周期安全管控，防御体系建设、安全团队建设、实战能力建设都取得了长足进步。2021 年，公司首次参与了国家级网络安全攻防演习，事前周密部署、事中分层处置、事后总结优化，经公安部评定，零失分出色完成国家级网络安全攻防演习，包括 3 次真实环境攻防演练并形成 14 份入侵处置预案，在 200 家参演机构中成绩优异，信息安全专项治理圆满收官。

推动信创技术体系。在前期充分调研的基础上，公司制定了信创工作整体规划，落实国家战略要求，信创实施方案得到银保监会肯定并一次性通过评审，获得监管部门及专家一致肯定，充分展现了公司的政治站位和专业水平。在整体规划的指导下，公司推动 9 个生产系统、2 个办公系统信创试点改造，探索债券核心系统信创第二平面，开展基础软硬件选型，完成 IPv6 安全改造，稳步推进开发框架优化升级，有序推进应用系统及基础软硬件的信创替代能力建设，逐步形成安全可靠、性能稳定、架构完整、生态成熟的中债信创基础平台，信创技术储备不断提升，为后续推广打下坚实的基础。

（三）科技引领创新驱动

加强科技创新体系。公司坚持业务与技术相融合，推进新兴技术在各条线应用，利用金融科技赋能业务创新。2021 年，区块链支持数字债券项目成功入围国家区块链创新应用试点，公司成功支持星展银行区块链簿记发行项目技术实施，携手浦发银行实现区块链技术创新应用。同时，公司积极探索大数据技术在企业债券风险监测和预警、客户画像等领域的应用，搭建企业级人工智能技术平台，利用OCR（光学字符识别）等人工智能技术赋能企业债等业务单元。科技创新、科技自强，成为公司有力的战略支撑。

丰富科技服务体系。作为金融市场基础设施服务的提供者，公司始终牢固树立科技服务意识，建立公司科技服务体系全视图，持续完善IT服务目录，IT服务实现了从业务支撑向业务形态重塑的转变。面向金融市场，公司着重提供分类多层的数据支持和低时延、高效率、大流量的技术接入服务。面向监管部门，公司可提供实时、穿透、贴身的IT服务。面向社会，公司可提供社会化、专业可靠的IT服务，集成特色优势为金融机构提供增值金融科技服务。截至2021年末，公司创新完成接入升级服务推广和一站式服务体系建设，第一阶段专线升级实现1041家机构一站式接入，开通1675条点对点专线，第二阶段完成3G升级、4G接入升级和MV专线开通，切实为市场成员降低成本，实现技术接入和运维服务整体升级。

三、提质增效，管理效能精益求精

（一）筑牢金融基础设施风险管理防线

深化全面风险管理。作为国家重要金融基础设施，防范金融风险是公司重要的职责使命。2021年公司推动《全面风险管理办法》落地实施，完善覆盖全员、全流程的风险防范机制，对标国内外金融基础设施建设及风险管理的相关实践，系统梳理了公司全面风险管理体系现有建设成果，提升全面风险管理体系化和规范化程度。同时，公司修订业务及IT操作暨风险管理手册，组织开展操作风险梳理排查，落实专员机制。公司高度重视金融基础设施相关IT审计工作，深化内部监督职能，形成《IT 审计五年工作构想报告（2021—2025 年）》，完成北京通州数据中心购建项目审计，开展上海卡园数据中心、澳门 CSD 等公司重点项目审计，充分发挥审计监督作用，保证重点工程质量。

建立业务连续性资源建设和常态化运行工作机制。公司制定《业务运营应急事件管理办法》，制定业务连续性分级标准与恢复目标，规范业务运营突发事件应急管理。2021 年面对暑期疫情，公司迅速启动应对预案，在北京和上海相继建设业务恢复备用资源，及时启动业务连续性应急预案，实施主备场地同时运营，全面启用人员、场地、业务系统、办公保障等备用资源投入实战，有效应对两轮突发疫情，通过实战检验并提升外部突发事件应对能力。

（二）持续完善产品和服务图谱

产品体系不断健全。公司持续塑造企业级业务模型，形成覆盖战略规划、客户服务、产品管理、业务运营、业务支持和风险管理六大核心价值链的企业级目标业务架构蓝图，同步完成办公管理领域业务架构规划。目前架构管理已应用于理财、担保品、办公等项目架构设计研究中。公司推进双态研发交付机制，启动敏态试点项目，进一步探索优化类敏态项目实施方案，发布《优化类项目敏态立项管理流程》，在风险可控前提下简化特定项目立项流程。此外，创新引入用户体验原型设计与自动化测试工具，大幅提高界面展示直观性和便利性，提升用户需求的契合度和客户满意度，实现项目建设提质增效，已在"中债方案"、银登新一代系统等多个项目中落地应用。

服务机制持续创新。公司深化重点客户服务，支持发行"抗洪防汛""稳外贸"等主题金融债券，支持政策性银行发债创新，助力提升金融服务实体经济水平。公司创新发布"中债 e 联"在线会议、音视频直播点播应用平台，延伸公司业务服务，在同业中率先实现全流程线上培训模式，提升客户体验。智能客服新增实现语音识别、智能搜索、转人工服务等12项智能化应用。

降费让利惠及实体经济。公司在提升服务质量的同时推进减费让利，进一步巩固深化两轮永久性降费成果，面向市场成员推出一站式免费接入、专线免费迁移、3G线路免费升级等新举措，支持河南、山西抗洪救灾，新增定向减免两省相关费用，获两省财政厅感谢，定向减免新疆扶贫专项债相关费用。多种降费措施叠加，公司年度降费让利规模超9亿元，降费力度领跑同业，切实为市场成员降低成本，充分彰显中央金融企业和国家金融基础设施的社会责任和使命担当。

标准化体系建设持续精益。公司在标准化建设方面持续突破，《债券价格指标产品描述规范》《债券价格指标产品数据采集规范》发布，《债券价格指标产品数据采集规范》《固定收益证券利息核算规范》两项金融国家标准已正式立项，《债券担保品管理技术指南》获金标委正式立项，完成《中债债券业务统计指标规范》并逐步完善。

深化区域布局，促进融合发展。"十四五"时期是深圳抢抓粤港澳大湾区、中国特色社会主义先行示范区建设和综合改革试点重大历史机遇，建成现代化国际化创新型城市的关键时期，这也对公司提升专业化服务质量、打造创新经营业态提出了更高要求。"十四五"开局之年，公司深圳分公司完成工商注册，在绿债、科创债试点、企业债券风险监测等多业务领域先行先试，在支持粤港澳大湾区经济建设，政府债券绿色创新，海南、广西和成渝等重点区域经济建设方面提供精准服务，公司支持粤港澳大湾区发展再启新篇。英国代表处触达新机构逾50家，国际服务半径有效延伸。在区域版图持续扩展的同时，公司深化矩阵管理，促进融合发展、协调发展。

四、久久为功，发展保障不断夯实

（一）加强党建和企业文化建设

全面加强党建高质量发展。求木之长者，必固其根本；欲流之远者，必浚其泉源。公司认真贯彻落实银保监会党委高质量党建系列部署安排，结合公司自身工作实际和党建工作推进情况，研究制订"高质量党建引领高质量改革发展"三年行动实施方案，明确"抓基础、谋创新""抓规范、提质效""抓融合、促创建"三个阶段以及"五大工程"共20项重点工作，抓实抓细基层党建，及时优化调整党支部和党小组，巩固拓展支部标准化规范化建设成果。在实施方案的指导下，公司开展了党史学习教育和庆祝建党100周年系列工作，编发党史学习教育简报36期、新闻15篇，制作主题展示视频1部，在内外网开设党史学习教育专栏，开展讲授专题系列党课、党史知识竞赛、主题歌咏比赛等丰富多样的活动，公司获"全国党史知识竞赛总决赛优秀组织奖"，公司报送的案例入选"新时代全国金融系统党建优秀案例"。

深化企业文化建设。公司提炼形成并传承发扬"敬畏事业、敢于斗争、专业专注、协同信任"的新时期中债精神，充分发挥党政工团作用，公司团委获"全国五四红旗团委"称号，深圳分公司获"深圳文化金融创新奖"，客服中心地方政府债发行服务团队荣获第20届"全国青年文明号"，客服中心工会小组获评2021年度"全国金融先锋号"。公司持续强化品牌形象塑造，深化公司标识及IP形象应用，形成中债文化宣传体系，提升员工认同感。公司坚持履行社会责任，矢志不渝地追求更高质量、更有效率、更加公平、更加可持续的发展，编制社会责任报告，落实定点帮扶，向定点帮扶县直接投入帮扶资金70万元，定向购买农产品70万元，开展特色帮扶投入55万元，并组织两县帮扶干部和专业人员培训96人次，向中国金融教育发展基金会捐款50万元，充分彰显了中央金融企业和国家金融基础设施的社会责任和使命担当。

（二）深化研发创新

聚焦债券市场创新研究。公司坚持研究立司，对外深化咨政建言服务能力，配合银保监会、人民银行、财政部、国家发展改革委等主管部门,完成绿色债券标准化、科创债试点、企业债信息披露数据库、区块链支持数字债券、人民币国际化基础设施安排等多项重点研究;对内深入研究债券登记托管问题,推动构建中债理论体系,进一步推动研发成果落地,形成信用债信息披露数据库建设方案,开展债券信用风险监测系统模型研发。公司致力于打造专业特色智库,深化多方合作,建设学习型组织,在公司内部建立课题汇报制度、举办中债讲坛、编发中研报告,在公司外部承接委外课题,为清华大学和人民大学等高校固定收益教材的编写提供素材。同时,公司创建"债券e览",传播中债声音,初步建成集期刊、微信平台、视听平台、品牌活动、系列丛书于一体的全方位、立体化宣传平台,公众号阅读量超75万人次,用户同比增36%,发展论坛观看人次超22万。

(三)强化人力资源管理和综合管理

优化人力资源管理和综合管理,激发高质量发展的内生动能。在人力资源方面,公司全面推进人力资源改革和组织文化变革,制定并发布公司人才队伍建设规划、员工行为规范和守则等,使得人力资源规划更规范有序;建设多层次人才培养体系,统筹建设与公司战略相匹配、与组织架构相适应的管理和专业技术人才梯队,开展"展翼""新锐""续航"计划,实现对人才的长期跟踪培养;做好员工关心关爱,开展EAP员工心理关怀计划,让公司人力资源工作更有温度。在综合管理方面,公司制定发布《会议管理办法》《舆情管理规程》《法律事务管理办法(试行)》等管理办法,推动建立标准化办公体系;办公场所布局进一步优化,完成中债大厦、通泰大厦、国旅长安及新动力等多个办公场地的改造搬迁;推动多个系统升级,上线信创OA,启动办公管理条线数据标准梳理;加强新闻宣传,修订公司《新闻宣传管理办法》,做好舆情的登记、响应及跟踪管理,全面支持公司的业务发展和实际需要。

第二节　踔厉奋发　新征程再谱新篇

一、为金融市场发展持续贡献力量

中央结算公司顺应国家战略要求，贡献"中债方案"，争做中国金融市场改革创新发展的排头兵。

（一）增强金融服务实体经济的能力

1. 大力支持绿色转型发展

党的十九大报告强调要加快生态文明体制改革，并提出建设美丽中国的目标，而绿色发展则是指导生态文明建设的核心理念。2020年9月，习近平主席在第七十五届联合国大会上提出中国二氧化碳排放力争于2030年前达到峰值，力争2060年前实现碳中和。2021年2月，国务院印发《关于加快建立健全绿色低碳循环发展经济体系的指导意见》，提出要大力发展绿色金融，统一绿色债券标准，建立绿色债券评级标准。绿色发展离不开绿色金融的支持，挖掘绿色金融市场潜力，引导资本市场绿色化发展，是推动绿色发展与低碳转型的重要途径。近年来，在各方的积极推动和共同努力下，我国绿色金融发展取得了突破性进展，其中，尤以绿色债券表现抢眼，获得业内高度关注。截至2020年11月30日，我国累计发行绿色债券1.3万亿元，存量规模位居全球第二。

为如期实现"碳达峰、碳中和"目标，中央结算公司持续推动绿色债券市场创新发展，助力支持实现碳中和目标，发挥公司国家重要金融基础设施的责任担当，树立绿色社会形象。一是积极推动绿色债券产品创新。探索绿色国债发行，鼓励地方政府发行绿色专项债，推动以绿色 ABS、绿色项目收益债券等产品盘活绿色资产，进一步拓展绿色债券发展空间。二是深化绿色债券的全生命周期服务。推动绿色债券发行创新，探索研究碳中和债的发行机制，推动碳中和概念在企业债、地方债、金融债、ABS 的发行应用。支持绿色债券纳入常备借贷便利（SLF）、公开市场操作的质押范围，鼓励绿色债券纳入国库现金管理质押品范围。推动绿色债券指数、碳中和债券指数等创新产品的发布与应用。三是持续跟进绿色金融标准和合作研究。推进绿色地方债、碳中和债券、绿色债券标准等多方面研究，整体推动绿色债券创新。挖掘绿色债券环境信息披露数据，推进绿色债券数据库建设，定量测算绿色债券的碳贡献。跟进调研碳交易市场动态，研究与碳市场金融基础设施开展合作的可能性。四是推动绿色资本跨境流动。营造良好的投资环境，夯实壮大绿色债券投资者基础，促进绿色债券供求平衡，动态支持绿色债券市场稳健扩容。以关键环境效益为主线，归纳绿色项目分类方案；形成绿色项目环境效益分级评价方案，建立绿色债券的综合分级及评价方法，为绿色分级提供一套切实可行的基础理论工具。研究推出更加丰富的绿色债券指数，为投资者提供多元化业绩比较基准和投资标的，推动以绿债指数为标的的指数型基金发展。

2. 大力支持科创企业融资

当前，我国科创企业融资以信贷和股权融资为主，债券融资占比较低，这主要与过去债券发行门槛较高、投资主体缺位等因素有关。随着证券发行注册制的确立以及我国债券市场逐渐发展成熟，企业发债限制已大幅减少，投资者的风险意识和风险承受能力正逐步增强。

面对百年未有之大变局，中央结算公司将乘势而上，大力探索，打造适应科创企业特点的债市科创板，更加充分地发挥债券市场在支持科创企业融资中的重要作用。一是构建完善的风险揭示机制和风险防控机制，吸引风险承受能力强的投资者投资科创企业，为其融资开辟新的空间和渠道。二是建立健全信息披露制度，紧紧牵住信息披露的"牛鼻子"，牢牢抓住投资者保护的根本落脚点。三是合理设计定价和交易机制，提高科创企业债券的流动性，为市场的持续健康发展创造条件。四是探索制定符合科创企业特点的限制性条款，结合科创企业特点进行产品和技术创新，更好地满足投资者需求，发挥债市科创板的融资服务功能。

3. 探索发展高收益债券市场

高收益债券市场是多层次资本市场的重要组成部分，高收益债券所具有的高风险、高收益特征能很好地解决民营企业、小微企业、创新型企业的融资难、融资贵问题，其本身是完善金融市场资源配置的重要方式。同时，发展高收益债券市场有助于提高资源配置效率。

4. 增强银行机构的信贷能力

信贷资产流转和证券化是银行业金融机构盘活存量信贷资产的两种重要方式，在提升银行业服务实体经济质效方面发挥了积极作用。中央结算公司将持续发展信贷资产流转和证券化业务，提升银行机构的信贷能力。构建"穿透披露"法律制度体系，促进信贷资产流转和证券化协调发展。同步发展信贷资产流转和信贷资产证券化，充分发挥两类业务的比较优势，形成合理分工，提高信贷资产的盘活效率和专业化水平。在发展流转市场的过程中，依据《关于规范金融机构资产管理业务的指导意见》《标准化债权类资产认定规则》等监管文件的要求，加强市场标准化建设，进一步拓宽投资者范围，完善信息披露和公允定价机制建设，提高市场流动性。

（二）提升金融体系抵御风险的能力

"十四五"时期是我国跨越中等收入陷阱的关键阶段，也是各类风险易发、多发阶段。中央结算公司将不断健全风险监测体系，进行全面风险排查，牢牢守住不发生系统性金融风险的底线。

1. 促进登记托管结算体系统一

现有分散的债券登记托管体系，使得债券市场数据分布在不同的债券登记托管机构中，无法对整个债券市场进行有效监测，更做不到实时监测。统一的债券登记托管体系可以便捷高效地汇总整个债券市场的数据，实时对债券市场利率波动、资金流动、交易结算、杠杆操作等风险进行监测和预警。

2. 健全风险监测预警机制

公司将遵循"人员最小配置、资源充分保障、方案差异化配置、业务全部接管、统一对接分工协同"的原则，持续推进常态化业务连续性备用资源建设，注重定期演练与实战相结合，形成常态化工作机制，进一步提升应对外部风险事件的风险防控能力，坚实履行好国家重要金融基础设施建设者职责。推进企业债务风险监测和系统预警，继续做好债务监测系统推广工作，积极推动成果转化，与信用债监管部门形成良性互动；建立企业债市场信用行为监测管理机制，完善主承销商信用评价模型，强化市场信用约束；完善存续企业债风险监测方式和技术手段，实施差异化的分级监测，持续提高存续期风险监测的科学性和有效性。推动形成制度化、流程化排查机制，取得全景式、全方位排查成效，不断降低产业基金风险水平。

3. 积极配合政府债务风险管理

完善地方政府债券信息披露制度，提高信息披露的标准化程度，建立集中统一的政府债券交易数据库，健全政府债券监测平台，持续做好风险监测分析工作。建立地方政府性债务风险预警机制，对债务高风险地区进行风险预警。建立债务风险应急处置机制，切实化解债务风险。

4. 充分发挥担保品"金融市场稳定器"作用

一是完善担保品管理制度，探索境内担保品规则体系建设。完善担保品系统估值、盯市、逐日调整等机制，通过统一、集中、全流程、自动化的管理服务降低结算风险，提高市场韧性，激发担保品属性的高效发挥，巩固市场的风险屏障。二是扩大担保品应用范围，延展担保品管理服务价值链。统筹担保品在岸和离岸市场应用，拓展跨市场服务连接，增强跨区域服务能力，赋能跨资产服务模式，探索将担保品机制应用到更多金融活动、金融机构及金融领域中。

（三）深入推进债券市场改革开放

目前，我国债券市场规模位居全球第二，融资工具品种不断丰富，有效拓宽了实体企业融资渠道。未来继续深化债券市场改革，还需要在基础制度建设上大做文章。

1. 完善市场法制

近年来债券市场发展势头良好，已成为我国金融市场体系中最为开放、最具活力的部分，在提升直接融资比重、提高市场资源配置效率、服务实体经济方面发挥了重要作用。同时，由于我国债券市场发展历史较短、发展步伐较快，部分基本法律尚未充分考虑债券的特征，债券市场法律体系的系统性和完备性相对不足，需要加快推动补齐法制短板。中央结算公司将积极配合主管部门和市场各界，以债券市场法制建设中的问题为导向，推动完善债券市场法律体系，全面提升债券市场法治水平。

2. 夯实信用基础

完善相关配套制度，尤其是投资者保护条款。对债券市场违法行为零容忍，不断夯实债券市场信用基础，助力债券市场健康平稳发展。

3. 促进市场互联

遵循市场发展规律和国际趋势，探索推进托管结算基础设施统筹整合，加快银行间市场和交易所市场互联互通，减弱市场分割。推动信息披露标准化建设和统一，促进银行间市场和交易所市场发行人披露信息的共享。推动同类产品在准入政策、风险计量、信息披露等方面监管标准的统一，消除监管差异。

4. 扩大对外开放

立足国内国际双循环的新发展格局，中国债市需要坚持制度自信，平衡安全和效率，打造债市开放升级版。一是简化入市流程。机构分产品开户时，在开户信息中明确代理关系；积极推动境内中央托管机构和境内外交易平台直联，进一步贴近境外投资者。二是扩大入市渠道。与境外中央托管机构、托管行合作，坚持"中央确权、穿透监管、多级服务、合作共赢"的"中债方案"，扩大境外投资者入市渠道。三是丰富交易工具。完善境外机构的风险对冲安排，稳慎放开回购、国债期货等业务，进一步丰富境外投资者的交易工具。逐步解决国际通用回购协议和国内回购主协议的等效性问题，便利境外机构操作，促进国内外规则对接；完善债券借贷、担保品复用等机制，进一步降低结算失败风险。四是加强跨境风险管理。加强跨境资金流动监测，建立健全风险防范监测体系和风险处置机制。五是推动中国债券指数扩大境外应用。

二、强化四大平台建设和平稳运行

公司成立以来，忠实履行国家金融基础设施建设者职责，全面深度参与中国债券市场的培育和建设，已成为中国债券市场核心运行平台、国家宏观政策实施支持平台、中国金融市场定价基准形成平台和中国债券市场对外开放主门户（合称四大平台）。未来，中央结算公司仍将秉承初心，牢记使命，强化四大平台建设和平稳运行。

（一）保障债券市场安全高效运行

中央结算公司可为债券市场提供包括债券发行、登记托管、交易结算、付息兑付、估值、担保品管理、信息披露等在内的一条龙全生命周期服务。

1. 深化信息披露服务和自律管理

信息披露是债券市场的核心，是沟通投资者和融资者的桥梁。不断完善债券市场信息披露体系建设，有助于市场参与各方"搭心桥、传心语"，构建良好债券市场生态体系，真正实现金融和实体经济的良性循环。中央结算公司将继续开展企业债信息披露标准化体系建设，持续加强企业债信息披露业务培训；积极推动发行前备案与信息披露服务一体化，优化企业债信息披露流程，打通备案和信息披露服务链条；不断完善企业债券信息服务系统功能，有效支持开展属地存续期管理。深化债券信息披露服务和自律管理。推动信息披露标准化，探索建立ESG（环境、社会和公司治理）信息披露体系、绿色债券数据库及环境效益信息披露平台。

2. 完善风险监测和预警机制

信用违约、杠杆叠加、期限错配、同业链条资金空转等问题，都可能会引发债券市场大幅波动，导致局部甚至系统性金融风险。同时，资本账户开放过程中，债券市场与其他金融要素市场之间的联动会变得更加紧密，对于金融稳定和宏观经济的影响也会变得更加显著。在党中央、国务院高度重视防范化解金融风险的大背景下，需不断加强债券市场风险研判，完善风险监测、评估和预警体系。

建立健全债券市场风险监测平台，统一登记托管结算体系。现有分散的债券登记托管体系，使得债券市场数据分布在不同的债券登记托管机构中，无法对整个债券市场进行有效监测，更做不到实时监测。统一的债券登记托管体系可以便捷高效地汇总整个债券市场的数据，实时对债券市场利率波动、资金流动、交易结算、杠杆操作等风险进行监测和预警。

3. 建立健全违约处置机制

有序打破刚性兑付有利于完善市场信用风险定价机制，提高资源配置效率，推进经济结构转型，建立债券市场良好秩序。在债券市场市场化发展的大趋势下，有序打破刚性兑付关键是要建立相对完善的违约处置机制。

促进债券持有人会议更为有效地发挥作用。债券持有人会议是债务融资工具持有人集体议事表达自身合理意愿的平台，也是持有人与发行人、信用增进机构等偿付主体，就重大事项进行有效沟通协商的重要议事机制安排。为保护投资者权益，2010年8月中国银行间市场交易商协会首次对外发布了《银行间债券市场非金融企业债务融资工具持有人会议规程》，规范了债券持有人会议的召开程序，对维护银行间债券市场健康稳定发展具有重要意义。但在实践过程中，债券持有人会议还存在难以召集持有人、开展不顺利、会议决议法律效力得不到保障等问题。据此，应从法律效力的角度进一步完善债券持有人会议制度，促进债券持有人会议更有效地发挥作用。

完善债券受托人制度。债券受托人制度是保护投资者利益的重要机制，应进一步强化债券受托人制度，赋予受托人相对独立的权利资格和权利能力，改变目前我国债券受托人制度流于形式，受托人法律责任不明确及履职难的现状。在债券发行之前，受托人应对公司发行债券的合法性、可行性以及公司营业情况、财务状况、信用级别等进行审查、核实；在债券发行之后，受托人应关注发行人和担保人的重大经营财务状况变化，在发生违约风险时，受托人应代表投资者利益，及时采取应对措施，积极协商处置，在必要的时候代表债券持有人参与公司的破产和解、整顿、重组，从而维护债券持有人的权益。

尝试建立提前赎回或债转股机制。可转债一般在发行前设置可提前赎回条款，约定在某一时间发行人可提前偿还债券本息，赎回债券。可考虑借鉴可转债，尝试创新附提前赎回条件的债券品种，如在发行前设置可提前赎回条款，约定在特定条件下，激活该条款，发行人若有赎回能力可强制执行，以减少后续违约事件的发生；发行人若无赎回能力，投资人可考虑实行债转股权利，以最大可能地保护投资者利益。

4. 强化投资者权益保护

要强化政府在投资者权益保护中的作用。相关监管部门需要制定债券违约后保护债权人利益的相关规则和处理流程,避免两个极端:既要避免担保刚性兑付,扭曲风险定价,也要避免"政策性破产",由债权人买单。

要强化债券市场信息披露违规的惩罚机制,鼓励发行人自愿性信息披露,并在发行条款中进行约定。监管部门和行业自律机构需要强化债券市场信息披露违规的惩罚机制,如效仿深圳证券交易所建立上市发行企业的诚信档案和信息披露考评制度、加大对信息披露主体违规的行政处罚力度以及完善债券市场退出机制等,以增加发行人的信息披露违规成本,促使其改善债券信息披露质量。

要从制度、法律上强化承销机构、会计审计机构、律师事务所等中介机构的责任,加大中介机构的违规成本,对于情节严重的中介机构负责人应当追究其法律责任。建立以主承销商为主导的持续督导制度,对债券存续期间的经营情况进行督导,保证发行人合规经营,保护投资者利益。建立中介费用递延支付制度或者纳入投资者保护基金进行专项账户管理,一旦发行人出现损害投资者利益的行为,中介机构督导不力的,可以先行扣罚预留的中介费用。

(二) 支持国家宏观政策精准实施

作为国家宏观经济政策实施支持平台,中央结算公司将不遗余力,扎实推动国家宏观经济政策落实实施。

财政是国家治理的基础和重要支柱,政府债券的发行、管理是实施财政政策的重要载体,在弥补财政赤字、宏观经济调控、促进经济结构调整、应对重大冲击、践行国家战略等方面扮演着重要角色。中央结算公司将持续以建设"统一、安全、高效、开放"的政府债券市场为己任,全力促进政府债券市场高质量发展。

一是优化政府债券市场的规模结构。我国国债市场规模占 GDP 的比重,不但远低于发达市场,也低于多数新兴市场。进一步扩大国债市场规模、优化期限结构，有利于实施积极的财政政策，有利于人民银行完善公开市场操作，有利于完善国债收益率曲线，有利于推动利率市场化和人民币国际化。同时可探索在二级市场日常买卖国债（主要是短期国债）的公开市场操作机制，将其纳入政策工具箱，促进金融市场稳定和宏观政策协调。地方政府债券市场应进一步优化债券期限结构，提高与债务结构及项目周期的匹配性，提高政府和市场的激励约束性。

二是优化政府债券市场的基础设施生态。我国政府债券市场以中央一级托管为主，实现了实时、穿透，使整个市场结构更加简单、清晰，高效有效防范金融风险，保障了债券市场20多年的平稳健康发展。这是我国充分发挥后发优势，在借鉴国际经验教训的基础上建立的，这一全球领先的基础制度设计不可动摇。促进跨市场交易和互联互通，需要遵循市场发展规律，坚持分工合作，形成布局合理、运转良好的基础设施生态。为此，要坚持中央确权、穿透监管的托管安排；发展前后台直联，拓展中央结算公司与境内交易所平台直联，形成"一个后台支持多个前台"的符合国际规律的格局；实现中央托管机构和中央对手方分开，降低混同风险，由中央结算公司集中履行债券托管职能，其他基础设施提供场内场外的中央对手方功能；建立集中统一的政府债券交易数据库，健全政府债券监测平台，持续做好风险监测分析工作。

（三）完善金融市场定价基准体系

国务院印发的《关于新时代加快完善社会主义市场经济体制的意见》和《构建更加完善的要素市场化配置体制机制的意见》都明确提出，要健全反映市场供求关系的国债收益率曲线，更好地发挥国债收益率曲线定价基准作用。

1. 完善国债期限结构

目前，我国国债市场关键期限债券品种还不够丰富，尤其是2年以内的短期国债年度发行次数仅为美国的十分之一。2年期以下和10年期以上国债发行偏少、频率偏低，这可能与投资者的风险偏好有关，但这种发行结构会影响短期和中长期国债的定价，尤其是导致长期资金缺乏市场化定价的权威基准。国债发行应根据市场实际需求，适度增加2年期以下短期国债和10年期以上长期国债的发行规模和频率，使关键期限债券组合在债券市场上的影响力不断提升，进一步提升国债收益率的市场基准作用。具体实施短期国债发行时，可规定短期国债发行不受赤字限额限制。对于超长期国债发行，可考虑将20年期或者30年期国债纳入关键期限国债范畴，争取先每半年1次，再逐步过渡到每季度1次。

2. 完善国债税收政策

目前，我国国债的税收政策是利息收入免征所得税，资本利得征收所得税，这种国债税制安排在国际上较为独特，但存有一定弊端。首先，对利息收入免征所得税导致国债收益率基准发生偏误，影响估值标的和定价基准之间的可比性；其次，特殊免税政策的非市场化行为可能会降低市场有效性，干扰国债收益率作为基准的要素配置功能；最后，对国债买卖差价形成的资本利得征收所得税，抑制了国债二级市场流动性。这种对一级市场认购免税，对二级市场交易征税的制度安排，事实上是鼓励投资者买入并持有至到期，限制在二级市场上交易，无形中抑制了二级市场交易的活跃度。

国债不仅是财政政策工具，还具有很强的金融属性，在税收制度的改善方面，应更加强调其金融属性。具体而言，有两个可供参考的改善方案。一是对利息收入和资本利得都征收所得税。这个方案可能会提高名义利率，但会降低实际利率，财政付息和税收相抵后净融资成本下降，且避免了税收干扰，更有利于国债收益率作为定价基准。二是对利息收入和资本利得都免征所得税。这个方案下财政税收有一些损失，但损失非常有限，可是能提高国债流动性，降低流动性溢价，减少财政的利息支出。方案一侧重于避免定价扭曲，方案二侧重于提高市场流动性。

3. 深化国债收益率曲线的应用

一是推动中债国债收益率作为贷款市场的定价基准。目前,信贷市场的定价基准为 LPR,LPR 是报价而非交易形成的利率,因此,建议丰富信贷市场定价基准指标,以试点的方式逐步推动国债收益率作为信贷市场定价基准,实现真正的利率市场化。二是将中债 10 年期国债收益率作为货币政策中介目标。10 年期国债收益率是均衡利率的重要指标,中美 10 年期国债利差能够反映人民币汇率的升贬值预期,均衡的中美 10 年期国债利差有利于促进人民币汇率基本稳定;10 年期国债利率和潜在经济增长率之间的关系较为稳定,在潜在经济增长率确定的前提下,可以用均衡的 10 年期国债收益率作为货币政策适度性的衡量指标。三是进一步扩大国债和中债国债收益率在财政政策和货币政策执行中的应用。财政政策的国库现金管理和货币政策的公开市场操作中应增加国债现货的买卖,财政政策和货币政策中涉及的质押品管理应采用中债国债收益率进行逐日盯市。

(四) 提升债券市场对外开放水平

党的十九届五中全会通过的《中共中央关于制定国民经济和社会发展第十四个五年规划和二〇三五年远景目标的建议》明确提出,"坚持实施更大范围、更宽领域、更深层次对外开放"。作为国家重要金融基础设施建设者,中央结算公司将积极发挥债市开放主门户作用,持续提升国内国际债券市场双循环的支持服务能力。

1. 推动人民币债券离岸市场建设

立足上海国际金融中心,聚焦自贸区债券业务创新,探索建立面向全球的债券跨境发行业务平台,支持离岸债券登记托管结算,发挥庞大国内债券市场对全球的辐射作用,支持境内外机构开展离岸交易、跨境结算,便利境内企业充分利用国际国内两种资源、两个市场,多渠道筹集资金,缓解融资难、融资贵等问题,更好地服务实体经济发展。

2. 推动债券市场深化开放

依托海外布点拓宽全球服务半径，持续优化直接入市机制，大力吸引国际投资者投资人民币债券，更好地发挥"全球通"开放主渠道优势。

3. 推进债券市场互联互通

持续探索与国际金融基础设施、行业协会和境内外金融中介机构等合作，打造跨境互联升级版，多维推进跨境互联互通，形成具有中国特色又兼容国际惯例的账户体系和产品服务体系，巩固债券中央登记结算主导地位。

三、建成国际一流金融基础设施

瞄准建设国际一流金融基础设施的远景目标，中央结算公司将以质量变革、动力变革、效率变革三大变革，在更大格局、更高层次上建成专业化、数字化、现代化的开放型金融基础设施。

（一）以质量变革引领服务创新

立足国家金融基础设施建设者的使命和职责，紧抓客户需求这一发展原动力，更加自觉地推动高质量发展、内涵式发展、创新型发展，推动产品和服务优化升级，创新提供更具弹性和包容性的组合解决方案，鼓励先行先试，围绕"债券、数据、担保品、金融资产"四大板块，打造专业化、标准化和精益化的产品服务体系，支持金融基础设施服务体系建设。

1. 深化主业：完善债券全生命周期服务体系

聚焦主业创新，全面提升债券市场核心服务能力。优化发行人服务方案，建成智慧发行平台，推进发行创新。服务实体经济，助力科创升级和绿色转型，深化对宏观政策的支持。支持政府债券市场创新发展，深化金融市场基石作用。支持企业债券注册制改革，推动信用体系建设。持续推动前后台直联，支持多层次债券市场建设。进一步推进金融市场互联互通，巩固债券中央登记结算主导地位。深化实施"中央确权、穿透监管、多级服务、合作共赢"的"中债方案"，推动分工协作的分层服务体系。完善公司行为服务，完善多币种、多渠道的 DVP（券款对付）结算机制，推动债券零售市场机制创新。深化债券信息披露服务和自律管理，推动信息披露标准化，探索建立 ESG（环境、社会和公司治理）信息披露体系、绿色债券数据库及环境效益信息披露平台。

2. 深耕数据：大力推进数据战略创新升级

推进数据应用和价值挖掘，强化数据服务能力。构建企业级数据中台，打造新一代集团数据仓库，全方位提升数据治理和创新应用能力。推进数据采集、数据共享、数据挖掘、数据展示等全环节的智能化。促进中债金融估值服务升级创新，促进更好地发挥国债收益率曲线的定价基准作用，拓展资管产品估值，持续扩展分类指数。优化中债分析工具，输出市场急需好用的中债解决方案。推进覆盖集团的数据产品体系建设，不断提升数据服务的及时性、精准性、主动性和前瞻性。着力推进数据产品的研发自动化、终端平台化、展示可视化、内容体系化。

3. 拓展服务：延展担保品管理服务价值链

确立国际一流的跨市场、跨区域、跨资产金融担保品管理平台。发挥担保品管理服务对境内债券市场发展提质增效的作用，持续提升中债担保品品牌影响力，制定担保品管理的行业标准，打造金融市场的流动性中枢和风险管理中枢。拓宽担保品管理的服务领域和范围，拓展在岸和离岸市场应用，服务覆盖交易全流程。提高担保品管理的应用效率，升级建设智能化的新一代担保品系统，灵活支持多样化的担保模式，促进担保品再使用。推动夯实担保品管理的法律基础。推进从担保品管理服务输出向兼顾担保品解决方案输出转型。

4. 服务监管：充分发挥金融监管支持职能

强化监管支持机构的职能定位，做优监管服务。强化债券板块对监管的支持保障。建设完善新一代信贷登记流转系统，促进信贷资产流转规范化、标准化发展，发挥监管抓手作用。丰富流转产品类别，推动小微贷款、银团贷款流转。做实信贷资产支持证券的底层穿透登记。加强资产流转平台建设，探索建立统一的不良资产登记交易平台。发挥理财中心独立第三方托管作用，进一步助力理财市场规范化发展。将中国理财网建成银行业理财产品权威信息披露平台和投资者教育阵地。探索理财产品风险评级，支持投资者适当性管理和风险管理。完善理财直融工具服务，推进债转股资管产品登记流转。优化政府出资产业投资基金服务，完善其绩效评价体系。加强相关子市场动态监测和跨市场风险甄别，推进全国企业债务风险监测和系统预警，助力防风险政策目标。

5. 连通国际：全方位提升国际业务水准

推动国际业务布局升级，促进形成人民币债券资产国内国际双循环的使用格局。持续优化直接入市机制，大力吸引国际投资者投资人民币债券，助力增强全球资源配置能力。打造跨境互联升级版，与境内外机构合作，多维推进跨境互联互通，形成具有中国特色又兼容国际惯例的账户体系和产品服务体系。统筹发展在岸和离岸业务，支持自贸区离岸发行，支持为离岸债券登记托管结算。推广人民币债券担保品的国际应用，探索建立担保品国际服务联盟，持续推动人民币债券纳入国际市场合格押品池。探索支持信贷资产跨境登记流转。提升中债估值服务国际化水平，拓展其境外应用的广度和深度，加强 SKY（上海关键收益率）的推广应用，建立具有全球影响力的人民币债券指数体系。持续提升公司的国际服务能力，建设和丰富跨境信息交互渠道，提供适应国际需要的多版本服务信息，提升全球客户满意度。打造跨境合作生态，加强与国际组织、"一带一路"沿线机构的交流与合作，宣介中债理念，提升国际话语权。

（二）以动力变革加强科技赋能

立足"强基固本、自主掌控、融合共享、创新引领"定位，围绕"服务市场、助力监管、保障集团"三大目标，深耕"科技治理、科技支撑、科技引领"三大领域，明确现代化金融基础设施科技战略路线图，构筑高质量、高标准的金融基础设施信息科技核心竞争力。

1. 科技治理

深化科技治理体系，激发科技管理活力。强化价值创造的科技组织机制，实现科技板块内外高效协同、有序协作，优化科技子公司的社会化经营体制，通过高新技术企业认证。形成创新常态化机制，深化产学研合作模式。健全信息科技制度框架，促进IT建设全生命周期管理规范化和工具化，保障科技工作持续稳定健康开展。

构建信息科技风险管理体系，强化信息科技风险防控。在全面风险管理框架下，结合监管要求和最佳实践，落实信息科技风险管理。强化信息科技风险管理分级分层防线。完善制度流程，建立健全识别、分析、处置、监控和报告机制。建设信息科技风险管理平台，加强分析能力和预警能力，提升信息科技风险管理数字化水平。

夯实企业架构体系，实现企业架构自主掌控。统筹业务、应用、数据、技术、基础等架构领域，构建服务战略型企业架构。分步实现业务技术横向融合、架构管控纵向贯穿的企业架构管理目标。

推进数据治理体系，筑牢数据化服务基础。建设企业级数据治理框架，明确数据治理组织结构，完善数据治理流程机制。引入数据治理方法，建设统一数据治理管理平台，确立集团数据模型和统一业务视图，夯实数据要素基础，完善数据标准。实现灵活的数据应用，提升企业数据价值。

2. 科技支撑

优化IT运营体系，提升服务支撑能力。基于国家重要金融基础设施的定位，完成京沪数据中心弹性架构落地，落地多中心灾备规划，实现多活运营，全面保障业务连续性服务。完善多中心一体化运维建设，建立统一运维门户，满足快速增长的内外部需求。优化 IT 资产管理机制，明晰资产管理职责，实现 IT 资产的有效控制和充分利用。

落实服务标准化体系，提升公司 IT 服务水平。强化 IT 服务规范化管理，动态完善 IT 服务目录，持续推动 IT 成熟度体系建设，关键领域通过权威标准认证。打造新技术预研、引入、应用、升级的闭环研发平台。面向金融市场，着重提供分类多层的数据支持和低时延、高效率、大流量的技术接入服务。面向监管部门，提供实时、穿透、贴身的 IT 服务。拓展社会化服务，提供专业可靠的 IT 服务，集成特色优势为金融机构提供增值金融科技服务。

强化信息安全体系，提升信息安全管理水平。全面落地信息安全规划，建设安全区域边界、安全计算环境、安全通信网络"三位一体"的技术防御体系，搭建安全平台，不断提升公司主动防御、内生安全及自适应安全能力，构建业界领先的实战化、体系化、常态化、平台化、服务化的关键信息基础设施保护体系。

构建信创技术体系，推进自主掌控能力建设。践行央企责任，落实公司架构转型，建立应用信创技术的长效机制，有序推进应用系统及基础软硬件的信创替代能力建设。逐步形成安全可靠、性能稳定、架构完整、生态成熟的中债信创基础平台。深化应用系统升级，不断完善关键业务条线的信创替代系统建设。落实国家战略要求，逐步完成 IPv6 等重大技改。

3. 科技引领

加强科技创新体系，发挥科技创新引领作用。推进金融科技成果转化，助力传统业务场景数字化、智能化转型升级。构建安全高效、自主可控的金融区块链平台并实现应用落地。打造协同发展的区块链生态体系。构建大数据存储及分析模型，探索监管科技和合规科技，服务精准营销和实时风控。推动 AI（人工智能）、RPA（机器人流程自动化）、移动互联、量子科技、知识图谱等应用，建设丰富的业务办理渠道，支持金融业务场景自动化、智能化、高效化，逐步搭建企业级 AI 平台。统筹推进构建企业级云服务——中债云，建设信息系统基础架构云计算平台，提供敏捷高效的业务支撑。加强与行业领先企业的深层次合作，突出产品孵化和服务支持职能。

丰富科技服务体系，深化各领域 IT 赋能。牢固树立科技服务意识，建立公司科技服务体系全视图，实现从业务支撑向业务形态重塑的转变。充分运用成熟的新一代技术架构，深化云服务建设。推进信息技术应用创新，助力基础设施生态圈建设。赋能传统业务场景转型，助力商业模式创新，实现服务提质增效。加大管理系统建设力度，促进管理科技化。加强新兴技术的前瞻性研究，建立沙箱实验，预备应对方案。

（三）以效率变革激活内生动力

立足国家重要金融基础设施职责定位，确保金融基础设施安全、稳健、高效运行。深化全面风险管理，优化业务流程，优化产品及服务体系建设，提升客户体验，强化中债标准体系，占领标准高点，统筹区域功能布局，举要驭繁、提质增效，多措并举激活公司高质量发展的内生动力。

1. 深化全面风险管理

深化全面风险管理体系。加强顶层设计，提升公司全面风险管理的全局性、战略性和计划性。筑牢风险防线，推动各防线职责、流程与监督机制进一步规范到位，构建风险识别、预警、监测、防范处置全链条机制。遵循金融基础设施基本原则，契合公司实际，打造中债风险管理框架，重点加强运行风险和信息科技风险管理，完善工具箱，有效控制内外部风险，并为市场提供优质的风险管理工具。

推进业务连续性体系建设取得新突破。确保业务安全高效运行，完善业务连续性工作规范和应急响应恢复机制。着力推动业务连续性资源建设，通过定期演练和压力测试提升应急场景下的业务恢复能力，切实提升业务连续性措施和计划的有效性。

2. 完善集团产品和服务体系

健全产品体系。塑造企业级业务模型，打造产品全生命周期管理体系。引入业界先进理念，形成中债业务模型和金融基础设施业务建模工艺，为形成金融基础设施产品服务标准奠定基础。依托中债业务模型，打造包含产品战略规划、产品识别、产品设计、产品开发、产品发布、产品评价的产品全生命周期管理体系。

创新服务机制。立足"一体化服务体系、一站式服务模式、一揽子服务方案"服务理念，建立多层次集团客户服务体系，增强客户服务的前瞻性、主动性和针对性，分类提供差异化、精准化、综合化服务。构建全流程闭环服务体系，打造一站式服务。探索京沪深协同、前中后台协同的联动式服务。持续优化整合资源和渠道，推广知识型服务和平台型服务，促进形成中债生态。优化服务保障，建设多工具一体化融合的客服平台，拓展直联服务，建设移动客户端，深化智能客服，建成高标准的客户关系管理系统，实现服务资源与客户需求的高效匹配。促进债券收费结构优化。打造高水准的专业客户服务团队，有效提升客户满意度。

全面提升标准化体系。构建完善的中债标准体系，覆盖各条线核心领域。开展认证一批、创立一批、推广一批的"三个一"工程，持续提升中债标准的市场影响力，发挥标准的行业引领作用。参与金融国际、国家、行业标准的研制，承担国家重点研发专项。

3. 统筹协调区域战略布局

优化区域布局，紧密对接国家发展战略。充分发挥北京总部统筹协同和支持金融管理功能，提升金融基础设施的资源、数据、服务整合能力。巩固发挥上海总部跨境发行中心、跨境结算中心、担保品业务中心、金融估值中心、科技数据中心五大平台的作用和影响力。积极提升深圳中心定位，打造区域布局的战略高地、金融科技的创新沃土、业务先行先试的示范基地。研究支持自贸区（港）金融创新试点。逐步完善境外分支机构功能布局，相关领域争取境外展业落地。

深化跨区域多条线的矩阵式企业管理模式。进一步依托业务优势和区域布局，整合内外资源、拓宽服务半径、提升专业效能，更好地服务市场、响应政策。促进跨区域融合发展、协调发展、优势互补，推动实现运营、服务、研发等多层次一体化的运作格局。

四、加强文化和核心价值观建设

坚持党的领导，建立完善现代企业制度，统筹建设与业务创新发展相匹配的人才梯队，以及与国际一流金融基础设施相匹配的管理体系。

（一）以党建引领发展

以高质量党建引领公司高质量改革发展，深化企业文化建设，坚定履行政治责任、高效履行经济责任、带头履行社会责任，为创建国际一流金融基础设施提供坚强的政治保障、组织保障和思想保障。

全面推进党的建设高质量发展。全面提升公司党建工作质量，强化党的领导，为创建国际一流金融基础设施提供坚强政治保障和组织保障。加强党的政治建设，坚决落实党的路线方针政策，切实完善公司党的领导工作机制，持续强化党对群团工作的政治领导。加强党的思想政治建设，持续推进"两学一做"学习教育和"不忘初心、牢记使命"主题教育常态化制度化，完善党建宣传工作，落实意识形态工作责任制。加强党的组织建设，优化基层党组织设置，推进党支部标准化规范化建设，分级分类开展党员教育培训，加强党员干部队伍建设。加强党的作风纪律建设，持续推进作风建设，完善纪律监督体系，强化监督执纪问责，探索建立公司党委巡察工作机制。坚持党的领导贯穿公司治理，明晰党建责任，健全内部控制，持续推动公司治理能力现代化。

（二）完善现代企业制度

构筑企业文化软实力。持续加强公司改革发展中的企业文化建设，坚定企业文化自信。充分发挥党政工团作用，营造团结向上的文化氛围。提升员工专业素养，强化责任担当，持续塑造新时期中债精神，大力弘扬特别能吃苦、特别能战斗、特别能团结、特别能奉献的责任意识和担当意识。不断提升公司品牌的创新力、竞争力、影响力，优化公司VIS（视觉识别系统），发挥宣传平台合力，讲好中债故事，传递中债声音。

（三）弘扬中债文化和精神

发扬与时俱进的中债精神。精神的力量是无限的。人无精神则不立，国无精神则不强。习近平总书记指出，"把国有企业做优做强做大，最重要的是要有一种为国家、为人民真诚奉献的精神。没有精神，任何国有企业都是办不好的。"多年来，公司秉承的"诚信、责任、服务"的核心价值观和"爱岗敬业、追求卓越、求实创新、团结共进"的中债精神，滋养鼓励了中债人在过去20多年里一路走来。一代人有一代人的长征路，一代人有一代人的使命担当，新形势新时期新要求赋予中债精神以新的时代内涵。中债人将以"敬畏事业、敢于斗争、专业专注、协同信任"的新时代中债精神，推动中债事业不断前进。

（四）发挥人力资源潜力

全面推进人力资源改革和组织文化变革，统筹建设与公司战略相匹配、与组织架构相适应的管理和专业技术人才梯队，深入发掘员工潜能，优化提升组织效能，有效保障公司战略实施落地。

树牢正确鲜明的选人用人导向。强化中债精神引领，深化突出"事业为上、人岗相适"导向的人才选用和激励约束机制。完善员工素质能力评价体系，拓展应用测评工具构建人才画像，科学指导选人用人工作，强化对关键岗位人才的引进和培养。建立后备人才库，大力发现培养选拔优秀干部。加强绩效目标责任管理，推动公司战略与员工绩效有效衔接，实现干部能上能下、员工能进能出、收入能增能减，进一步激励担当作为。

加大人力资源开发力度。优化员工职业发展路径，夯实专业人才发展晋升通道，营造"让专业创造价值，让专家受到尊敬"的组织文化。创新管理工具和应用场景，推进管理赋能，充分发挥管理者主观能动性。激活跨地区、跨部门轮岗交流，促进人才合理流动和优化配置，注重加强实践锻炼，引导广大员工在公司改革前沿和攻坚一线百炼成钢。加强学习型组织建设，统筹建立覆盖职业生涯各阶段、满足公司业务发展需要的综合培训体系。

建立统筹一体的人力资源工作机制。推进人力资源服务流程融合再造和机器人流程自动化建设，启用智能化设备和智能问答系统，建成标准高效的人力资源共享服务中心。优化人力资源业务伙伴团队配置和职能，提供以业务驱动为内核的人力资源解决方案。搭建人力资源专家库，集中人力资源条线专业力量，统筹公司整体人力资源规划、实施方案及流程设计，为公司人力资源发展提供智力支持。

（五）强化内部综合管理

建立与国际一流金融基础设施相匹配的综合管理体系，统筹推进集团管控、研发深化与综合服务支持，寓管理于服务，以管理促创新，以创新增效益。

提升研发创新能力，部署前瞻性研究，深度培育业务创新点，加强研发对公司高质量发展的创新引领。营造崇尚创新的企业氛围，构建科学有效的评价机制，健全研发专利流程，鼓励员工立足本职岗位创新，鼓励项目管理"揭榜挂帅"。推动重点领域资源一体化配置，多渠道多手段多平台推动研究成果转化和输出。形成体系化的中债理论。完善专业特色智库建设，深化咨政建言功能，提升智库的行业影响力和政策影响力。

推进战略协同。业务协同重点实现由明确分工向加速融合的转变，深化业务架构、业务授权、资金结算、数据应用、信息产品、客户服务等协同。技术协同重点实现由归口开发运维向规范架构标准的转变，推动信息系统架构统一管控、技术管理统一标准、IT资源统一使用、系统服务统一提供。加强业务与技术协同联动。管理协同重点实现由被动管控向主动协作的转变，加强风险督控和协调指导，做好经营计划和分析，深化各板块管理协同。

笃行致远，砥砺前行。公司将坚守初心，不辱使命，推动政府债券市场行稳致远，推动我国经济发展乘风破浪，为建成国际一流金融基础设施不懈奋斗！

参考文献

[1] 敖一帆．创新求变　行稳致远——中央结算公司债券业务回顾与展望［J］．债券，2021（3）．

[2] 陈刚明．贯彻落实新发展理念　共创债市新发展格局［J］．债券，2021（1）．

[3] 陈刚明．提升基础服务能力　促债市高质量发展［J］．债券，2020（1）．

[4] 承接国家金融战略需要建成国际主要金融基础设置——专访中央结算公司董事长水汝庆［J］．债券，2016（11）．

[5] 成家军．奋力推动理财中心高质量发展［J］．债券，2021（3）．

[6] 戴根有．银行间债券市场仍大有发展空间［N］．中国经营报，2001－06－21（13）．

[7] 范皓．中央结算公司信息科技发展回顾与展望［J］．债券，2021（3）．

[8] 高坚．中国债券资本市场［M］．北京：经济科学出版社，2009.

[9] 关于对2006年新版国债发行系统进行模拟的通知［EB/OL］．中国债券信息网．

[10] 关于境内美元债券登记托管有关情况的报告（中债字〔2003〕64号）［EB/OL］．中国债券信息网．

[11] 关于资产支持证券登记托管结算安排设想的报告（中债字〔2005〕14号）［EB/OL］．中国债券信息网．

[12] 关于资产支持证券发行、登记、托管、兑付工作情况报告（中债字〔2006〕36号）［EB/OL］．中国债券信息网．

[13] 关于进一步开放中国债券信息网数据信息栏目的通知［EB/OL］．中国债券信息网．

[14] 关于新版中国债券信息网试运行的通知［EB/OL］．中国债券信息网．

[15] 贾波．坚守初心　真抓实干　以完善信贷资产流转市场擘画中心发展新蓝图［J］．债券，2021（3）．

[16] 刘凡．债券市场加快发展进程中的几个重要问题［J］．当代金融家，2020（9）．

[17] 刘凡．债券市场发展回顾与展望［J］．中国金融，2022（4）．

[18] 柳莺，于江．支付结算体系还有半壁江山［J］．数字财富，2004（10）．

[19] 牛玉锐．打造定价基准　助力市场发展——中债估值中心业务发展与展望［J］．债

券，2021（3）.

[20] 水汝庆. 债券市场发展与中央银行货币政策调控［J］. 中国货币市场，2002（1）.

[21] 水汝庆. 货币政策与货币市场［J］. 中国货币市场，2004（5）.

[22] 水汝庆，张翠微. 2003年中央银行公开市场操作回顾与思考［J］. 中国货币市场，2004（3）.

[23] 水汝庆. 以专业新服务推动债市新发展［J］. 债券，2016（1）.

[24] 水汝庆. 提升金融基础设施服务　助力债券市场发展［J］. 债券，2015（2）.

[25] 水汝庆. 坚持精耕细作　推动绿色债券市场创新发展［J］. 债券，2016（10）.

[26] 水汝庆. 发挥基础设施功能作用　助推中国债市高质量发展［J］. 债券，2021（11）.

[27] 水汝庆. 中债—国债收益率曲线的编制实践［N］. 金融时报，2013-11-28.

[28] 王平. 取势明道　知行合一——中央结算公司发展历程回顾［J］. 债券，2016（11）.

[29] 王平. 往事钩沉——中央结算公司创立时期的亲历回顾［J］. 债券，2022（1）.

[30] 王平. 债券市场负重致远　厚积薄发——感于财政部发布中国关键期限国债收益率曲线之际［N］. 金融时报，2014-11-04（7）.

[31] 新版"信息产品专用下载通道"系统试运行说明［EB/OL］. 中国债券信息网.

[32] 徐良堆. 中央结算公司担保品管理服务介绍［J］. 债券，2015（2）.

[33] 中国债券指数编制完成并于即日试发布［EB/OL］. 中国债券信息网.

[34] 中国债券信息网十周年庆栏目［EB/OL］. 中国债券信息网.

[35] 钟言. 大国债市——萌荒时代（连载一）［J］. 债券，2017（3）.

[36] 钟言. 大国债市——萌荒时代（连载二）［J］. 债券，2017（4）.

[37] 钟言. 大国债市系列连载［J］. 债券，2017.

[38] 钟言. 潮涌风劲正扬帆——中央结算公司"十三五"发展纪实（上）［J］. 债券，2021（1）.

[39] 钟言. 潮涌风劲正扬帆——中央结算公司"十三五"发展纪实（下）［J］. 债券，2021（2）.

[40] 钟言. 中债综合业务系统创建纪实［J］. 债券，2020（10）.　[41] 中央结算公司. 关于送审《银行间债券市场债券结算代理业务规则》的报告［R］. 北京：中央结算公司，2000.

[42] 中央结算公司. 关于建立"债券柜台交易业务中心处理系统"的请示报告［R］. 北

京：中央结算公司，2001.

［43］中央国债登记结算有限责任公司. 债券托管结算业务［M］. 北京：经济科学出版社，2018.

［44］中债研发中心. 中国债券市场概览（2020年版）［EB/OL］.（2021－04－02）［2021－05－21］.

［45］周荣芳，霍颖励. 2002年银行间货币市场运行情况及政策效果分析［J］. 中国金融，2003（3）：16－18.

［46］周文斌. 国际化战略砥砺前行 债市开放扬帆远航［J］. 债券，2021（3）.

［47］周小川. 继续坚持市场化改革方向 推动债券市场快速健康发展［J］. 金融市场研究，2012（9）.

附录　中央结算公司 1996—2021 年大事记

1996 年

○ 公司在中国证券交易系统有限公司的基础上改组设立，中国人民银行、财政部及九家金融机构为出资人。

○ 公司独立开发出中央债券簿记系统，实现了债券登记托管和交易结算电子化。

○ 在中国人民银行指导下，开发出债券发行系统和公开市场操作系统，为人民银行公开市场业务搭建了技术平台，并首次采用远程招标方式支持中国人民银行发行央行融资券。

○ 参与并完成世界银行"中国国债托管清算结算系统与场外市场"、"中国政府债券簿记系统设计"和"中国债券市场风险控制机制与信息系统建设"技术援助项目，为公司业务的开展和市场架构的确立奠定了基础。

1997 年

○ 中央债券综合业务系统作为"国家重点科技攻关项目"在中国人民银行立项。《中华人民共和国国债托管管理暂行办法》颁布，依据该办法，财政部授权本公司主持建立和运营全国国债托管系统。

○ 中国人民银行《关于各商业银行停止在证券交易所证券回购及现券交易的通知》发布。全国银行间债券市场开始建立，公司被中国人民银行指定为市场的债券托管与结算机构，承担银行间债券市场统一托管结算职能。

○ 依据中国人民银行《公开市场业务暨一级交易商管理暂行规定》，公司开始承办公开市场业务的债券登记、托管和结算业务，为公开市场业务提供相应的技术平台和业务支持。

○ 中国人民银行《特种金融债券托管回购办法》颁布，根据中国人民银行的授权，公司承担特种金融债券的托管、信息播报、统一结算及代理抵（质）押权人职能。

1998 年

○ 债券发行系统启用，当年支持国家开发银行以招标方式发行金融债券410亿元，政策性银行金融债券由此实现了从派购发行向市场化发行的历史性转变。

○ 中国债券信息网建成并启用，成为主管部门指定的市场信息披露平台，促进了市场透明度的提高。

○ 全面完成上海证券交易所和深圳证券交易所实物国债保管库的移交接收工作，实现了实物国债保管库的统一管理。

○ 企业债开始实行记账式发行，经中国人民银行同意，公司行使企业债总托管人职能，开始提供中央企业债及其他一些企业债的托管服务。

1999 年

○ 中央债券综合业务系统建成并投入运行，改善了银行间债券市场的基础设施。

○ 公司制定了《银行间债券交易结算规则（试行）》和《银行间债券交易结算应急规则》。

○ 财政部通过债券发行系统在银行间债券市场成功发行记账式国债，由此开始了以远程招标方式进行国债无场化发行。

2000 年

○ 公司改制为国有独资金融机构，公司主要负责人由中共中央金融工作委员会管理，业务上接受中国人民银行、财政部的管理，财务上接受财政部的监管。

○ 中国人民银行《全国银行间债券市场债券交易管理办法》颁布，公司被指定为市场的债券登记、托管与结算机构。根据该办法，公司会同中国外汇交易中心组织全国银行间债券市场成员签署《债券回购主协议》，市场的规范化建设迈上了一个新的台阶。

○ 中国人民银行发布《关于开办债券结算代理业务有关问题的通知》，公司围绕结算代理业务进行了大量的业务准备和技术准备，从而为农信社等小金融机构和非金融机构法人参与银行间债券市场提供了便利的渠道。

2001 年

○ 公司党委成立，受中共中央金融工作委员会直接领导。

○ 根据中国人民银行发布的《关于统一采用债券收益率计算方法有关事项的通知》和中国人民银行、财政部、证监会联合发布的《关于落实债券净价交易工作有关事项的通知》的要求，完成对中央债券综合业务系统的相关技术改造。

○ 制定《债券拍卖操作规程（试行）》。

○ 结束实物国债库房管理业务，圆满完成了我国历史上最后一批实物国债的保管任务。

2002 年

○ 金融机构进入全国银行间债券市场的资格由审批制改为备案制，

机构投资人在公司开户数量有较快增长，公司加大了培训和服务的力度。

○ 商业银行国债柜台交易中心业务处理系统投入运行，具有中国特色的两级托管体制初步形成，公司作为一级托管人发挥了重要的服务与监督功能。

○ 客户账务语音查询复核系统建成使用，为投资人提供了自我保护的渠道。

○ 中央债券综合业务系统（二期）通过中国人民银行支付科技司组织的专家鉴定，获得"银行科技发展一等奖"。

2003 年

○ 配合国家开发银行在银行间债券市场成功发行美元债券。

○ 完善债券发行系统，支持财政部实现跨银行间债券市场和交易所国债市场的国债发行，促进了国债一级市场的统一。

○ 取消企业债券托管凭证，实现企业债券托管电子化，与八家企业债券承销商的柜台交易系统联网。

○ 成功进行异地灾备中心切换演练，验证了异地灾备系统的业务支持能力和公司的系统安全保障水平。

○ 适应中国债券市场发展的需要，编制了中国债券指数和中国债券收益率曲线。

○ 中国银行业监督管理委员会成立，公司领导班子由中国银行业监督管理委员会党委管理。

2004 年

○ 成功进行中央债券综合业务系统第三期的升级改造，并顺利上线运行，公司的业务系统功能和技术水平得到进一步完善和提升。

○ 中央债券综合业务系统与人民银行大额支付系统联网运行，实现商业银行债券交易的券款对付结算。这是中国金融市场基础设施建设的重要举措，标志着公司结算业务向国际标准又迈进了一步。

○ 根据中国人民银行《全国银行间债券市场债券买断式回购业务管理规定》，推出债券买断式回购业务结算及保证金、保证券管理服务。

○ 协助中国银行在银行间债券市场成功发行国内第一只商业银行次级债，商业银行充实附属资本有了新的途径。

○ 通过商业银行国债柜台业务系统，配合财政部成功发行国内第一只电子记账凭证式国债，为我国今后采用电子记账方式向个人发行不可流通国债进行了有益尝试。

○ 配合财政部进行了国库现金管理方式的创新探索，提前赎回了部分存续期内的国债。

○ 与香港金融管理局签署债券结算业务合作协议，实现了公司的中央债券综合业务系统与香港金融管理局的中央结算系统单向联通，为有外汇经营权的内地金融机构参与港币债券市场投资提供了一条可供选择的安全和低成本的结算渠道。

2005 年

○ 中央债券综合业务系统与全国银行间同业拆借中心的债券交易报价系统连接运行，初步实现了债券交易、结算的直通式处理（STP）。

○ 中央债券综合业务系统（三期）通过了中国人民银行科技司组织的专家鉴定。

○ 经过一系列业务准备和技术准备，成功配合市场推出了债券远期交易、短期融资券、资产支持债券以及熊猫债券等新品种。

○ 公司与联网客户签署"客户服务协议"，明确了双方的权利义务，增强了托管结算服务的规范性。

○ 与明讯银行签署了合作谅解备忘录，在培训、研发、跨境结算业务等方面达成合作意向。

2006 年

○ 在人民大会堂举办了公司成立 10 周年庆典活动，人民银行、银监会、证监会、保监会、财政部的领导及国内外相关金融机构人士到会祝贺。

○ 开展小额支付系统质押额度管理业务和大额支付系统自动质押融资业务，配合制定相关业务的管理办法和规则规程。

○ 根据财政部和人民银行的规定，先后设计开发并上线运行"商业银行定期存款"和"国债买回"业务系统，大力支持国库现金管理市场化运作。

○ 推出债券双边借贷业务。

○ 储蓄国债（电子式）柜台业务系统正式上线运行，进一步扩大了个人投资者的债券投资渠道。

○ 中债收益率曲线与估值完成升级，开始进入商用领域。

○ 建设完成客户电话服务平台，建立了客户信息和知识库的共享机制及客户需求的快速反馈机制。

○ 推出债券估值服务和数据下载通道服务，进一步方便客户业务操作。

○ 智能统计系统上线，及时、准确地为主管部门和市场成员提供各类债券统计分析数据。

○ 组织签订"丙类结算成员客户服务协议"和"债券发行、登记及代理兑付服务协议"。

○ 成功组织债券综合业务系统异地灾备系统的切换运行，提高系统的安全等级和应对灾难等突发事件的危机处置能力。

○ 与全美证券托管清算公司、美国证券业和金融市场协会、亚洲证券业和金融市场协会、加拿大证券学院签署了合作谅解备忘录。

2007 年

○ 公司通过债券发行系统及公开市场交易系统等业务平台支持1.55 万亿元特别国债的发行，有效配合国家财政政策和货币政策的协调实施。

○ "2007 年中国铁路建设债券"通过债券发行系统成功发行，成为首只在银行间债券市场采用招标方式发行的企业债券。

○ 中债收益率曲线被中国银监会指定为各商业银行债券类资产估值定价和风险管理的基准，被中国证监会指定为所有证券基金持有的银行间债券估值定价标准，被中国保监会指定为保险公司进行动态偿付能力压力测试的基准。

○ 推出担保品逐日盯市服务。

○ 推出持仓指数和定制指数。

○ 开通中国债券信息网网站英文版，网站点击率在国内同类网站中居领先水平。

○ 研究制订《中央债券综合业务系统突发事件处置预案》，提高突发事件的先期处置能力和应急反应效率。

○ 进一步完善灾备系统，成功进行柜台业务系统异地灾备切换运行。

○ 信息产品质量检测和分析系统上线，每年向市场发布《中债价格指标产品质量检验报告》，进一步完善了中债价格指标产品体系。

○ 中央国债数据字典和 ISIN 资料管理系统成功上线运行。

○ 推出以全债市场为样本的中债综合指数。

○ 与明讯银行就跨境结算业务签署了合作协议，为国内有资质的金融机构参与国际债券市场投资提供了一条可供选择的便利途径。

○ 与欧洲清算银行签订合作谅解备忘录。

2008 年

○ 推出非银行金融机构 DVP 结算业务。

○ 中债电子密押系统上线运行，完善了密押管理方式。

○ 资金账户管理系统上线运行，为与债券相关的资金清算与结算尤其是 DVP 结算业务提供了有力的业务与技术支持。

○ 全年办理债券交易结算突破百万亿元。

○ 经公安部信息安全等级保护评估中心评估，公司的中央债券簿记系统、债券发行系统、中国人民银行公开市场业务支持系统、自动质押融资系统为第三级，小额质押额度管理系统、债券柜台业务中心系统为第二级，并在公安部予以系统安全等级保护备案。

○ 债券发行系统首次支持短期融资券和中期票据成功招标发行，成为广泛涵盖银行间市场各债券品种的发行业务平台。

○ 中国债券信息网全面改造上线运行。

○ 与人民日报社新闻信息中心合作，公开出版《中国债券》月刊。

○ "中债价格指标产品"被中国证券业协会列为证券从业人员后续培训的选修课程。

○《债券托管结算业务》、《全国债券从业人员培训教材》（三本）在中国职工教育和职业培训协会组织开展的"2006—2007 年度优秀科研成果"评审活动中，获得教材类一等奖。

2009 年

○ 中共中央政治局委员、北京市委书记刘淇同志一行视察公司，要求公司按照现代金融企业制度，立足于促进全国债券市场健康发展，努力发挥债券统一托管结算的基本职能，积极参与金融市场创新，扎实稳妥地推进自身的快速发展。

○ 银监会、证监会正式发文明确，在上市商业银行进入交易所试点工作中，公司做后台，负责上市商业银行在交易所债券交易的登记、托管、结算工作。

○ 公司参股银行间市场清算所股份有限公司。

○ 完成柜台中心系统改造及40家试点银行储蓄国债联网接入工作。

○ 建设统一语音查询平台。

○ 425家非银行机构与公司签订DVP结算相关协议，开立资金专户，结算面额达21万亿元，同比增长超过60%。

○ 成功实施IT系统评估项目，为进一步做好IT建设和规划打下基础。

○ 开发完成债券业务实时监测系统，及时监测异常信息。

○ 制定《中央债券簿记系统债券利息核算方法》《全国银行间债券市场金融债券信息披露操作细则》《非金融企业债务融资工具信息披露操作细则》《储蓄国债（电子式）相关业务实施细则》等业务规章。

○ 全面启动公司文化建设工作，制订《公司文化建设工作方案》，出台《公司文化纲要》。

○ 成立公司纪委及纪检监察办公室。

2010年

○ 业务量稳步增长，全年支持发行各类债券突破千期；完成债券结算量162.81万亿元，同比增长33.38%；年底债券托管余额突破20万亿元。

○ 新一代客户端正式上线运行，在功能上具备更强的兼容性，为客户提供更完善的服务渠道和更人性化的服务界面。

○ 在不断提升质量、扩大市场影响力的基础上，实现了中债信息产品的市场化运营。

○ 基本完成担保品管理系统开发工作，并起草了相关协议和制度。

○ 非金融企业债券招标发行系统、债券业务实时监测系统正式上线运行。

○ 拟定《业务监测管理办法》和《银行间债券市场境外机构结算额度监测预警方案》，制定《境外机构投资者业务指引》和《债券账户业务指引》，修订《客户服务协议》。

○ 公司搬入新办公楼（金融街10号），并成功完成系统迁移工作，初步建立了"三中心"格局下的系统运维体系。

2011年

○ 质押券管理系统（一期）正式上线。

○ 推出债券VaR。

○ 公司与中国人民大学合作，联合开办债券EMBA研究生班。

○ 公司参与金融稳定评估（FSAP）工作，配合完成对我国场外市场债券结算系统的评估。

○ 首次参加"2011中国国际金融展"，充分展示公司成立以来的工作和成绩。

○ IT五年规划通过并实施。

○ 公司获新闻出版总署批复同意，取得《债券》杂志联合主办权。

○ 开发簿记建档发行服务系统（一期），配合主管部门支持四个试点省市顺利发行了地方政府债券。

○ 与亚洲开发银行联合主办亚洲债市论坛，来自亚洲开发银行、东盟"10+3"国家和地区的130余位政府官员、行业代表和国际专家出席，这是此论坛第一次在中国召开。

○ 公司"中债价格指标系统"被评为中国人民银行2011年度银行科技发展奖二等奖。

2012 年

○ 公司在金融时报社和中国社会科学院金融研究所联合举办的全国性金融行业评选活动中，荣获"2012年度最佳中介服务机构"称号。

○ 银行间债券市场使用DVP结算方式完成的结算资金量超过300万亿元，占全市场总结算量的比重达82.5%，公司日均完成DVP资金结算量突破万亿元。

○ 中债综合业务平台荣获2012年度银行科技发展一等奖。

○ 公司提供的有关社会融资规模数据被纳入人民银行《2012年金融统计数据报告》。

○ 公司与中国人民大学校友会、财政金融学院合作举办首届中国债券市场发展论坛。

○《债券》杂志入选"中国人民大学'复印报刊资料'重要转载来源期刊（2012年版）"。

○ 受财政部国库司委托，高质量完成世界银行技术援助项目"建立完善的中国国债二级市场"。

○ 公司注册资本金由4.8亿元增至20亿元。

2013 年

○ 党的十八届三中全会通过的《中共中央关于全面深化改革若干重大问题的决定》提出"健全反映市场供求关系的国债收益率曲线"。1999年，中央结算公司率先编制并发布国债收益率曲线。十多年来，中债国债收益率曲线编制技术日趋成熟，应用广度和深度不断强化，得到监管部门和市场机构广泛认可，成为债券资产公允价值计量重要基准。中债国债收益率曲线的编制和发布，为健全反映市场供求关系的国债收益率曲线奠定了基础。

○ 落实国务院常务会议精神，配合管理部门推进信贷资产证券化扩大试点工作，实施信贷资产支持证券集中登记托管、跨市场交易的方案。

○ 持续完善DVP结算业务，推动实现全市场DVP结算。

○ 参与并完成财政部组织的国债期货实物交割方案研究课题，制订实施方案，颁布实施国债期货实物交割业务规则，成功开办国债期货实物交割业务。

○ 登记金融资产超过50万亿元，朝着"金融资产登记托管"的目标大力转型。

○ 完成全国银行业理财信息登记系统一期、二期的开发建设工作，扎实开展理财登记业务。依托该系统支持理财直接融资工具和理财管理计划创设及发行等试点工作。中国理财网网站正式上线运行。

○ 扎实开展信托合同登记工作，全部68家信托公司均已按要求利用系统开展登记业务。

○ 开发建设集授权、登记、流转、结算、贷后管理等功能于一体的信贷资产流转系统，支持开展信贷资产流转业务。

○ 价格产品系统云平台上线，实现VaR计算云技术应用，提供VaR组合定制服务。

○ 着力引进虚拟化等一批新技术，自主完成国内首个AS400虚拟化系统建设。

○ 成功举办亚太中央托管组织（ACG）交流培训活动并当选ACG常委机构，成功申办ACG第十八届年会。

2014 年

○ 适应形势发展需要，公司提出"由单一的债券登记托管向全方位的金融资产登记托管""由单一对接银行间债券市场向对接多个市场"转型。在"两个转型"战略的指引下，公司债券类与非债券类业务拓展工作齐头并进，截至年末登记各类金融资产合计54.2万亿元。

○ 落实国务院关于盘活存量金融资产、支持实体经济发展的重要精神以及人民银行、银监会、证监会工作部署，完成"平安1号"资产支持证券簿记建档发行和集中统一托管，既支持了市场主体自主创新，也在推动实现债市互联互通方面做出了有益尝试。（6月）

○ 配合国家发展改革委推进企业债发行制度改革，落实招标和簿记建档发行业务指引并发布操作规程。经主管部门授权，为企业债券提供总托管、集中招标和簿记建档服务。（6月）

○ 配合人民银行完成二代支付改造项目，成功实现公司系统二代支付身份的安全切换及平稳运行。（6月3日）

○ 落实地方政府债务管理改革精神，根据财政部工作部署，认真做好对地方政府自发自还试点省份的支持服务工作。首批10个试点省份全部在公司顺利实现招标发行，共发行1092亿元。（首次于6月23日发行）

○ 落实保监会《保险公司次级定期债务管理办法》规定，公司首次为保险公司次级定期债务提供发行、登记、托管服务。（6月）

○ 经银监会、财政部同意，公司控股成立银行业信贷资产登记流转中心，8月8日银行业信贷资产登记流转中心举行揭牌仪式。独资组建中债金石资产管理公司，筹建上海、深圳客户服务中心，筹备中债估值中心。加上此前参股的上海清算所，公司已逐步形成"一参两控、三地协同"的集团化企业架构。（8月）

○ 发布中国银行业理财市场 2013 年年度报告和 2014 年上半年报告，比较客观、全面地反映了中国银行业理财市场的整体发展情况和特点。（8月）

○ 成立公司信息技术委员会，统领信息技术的全面规划与管控，围绕软件质量、数据治理、信息与系统运行安全启动公司 IT 综合治理。（8月）

○ 公司作为 ACG 成员，首次在西安成功举办第十八届亚太中央托管组织（ACG）大会，会议发布《西安倡议》，这是 ACG 组织自 1997 年成立以来首次发布倡议文件。（10月）

○ 落实党的十八届三中全会关于"健全反映市场供求关系的国债收益率曲线"的重要精神，公司不断完善国债收益率曲线编制工作，丰富中债收益率曲线体系。11 月 2 日，由公司编制并提供的"中国关键期限国债收益率曲线"首次在财政部官方网站发布。此事入选《金融时报》评选的 2014 年度中国资本市场十大新闻。（11月）

○ 纽约当地时间 11 月 11 日，美国范达全球（Van Eck Global）成功在纽约证券交易所（Arca 市场）上市发行美国市场首只专注于中国债券的 ETF 产品 Market Vectors ChinaAMC China Bond ETF。这是继南方东英中国五年期国债 ETF 在香港交易所挂牌上市之后，成功在纽约证券交易所上市的首只以中债指数为标的的 RQFII－ETF 产品。该产品的推出入选《金融时报》评选的 2014 年度中国资本市场十大新闻。（11月）

○ 国库现金管理支持服务领域从中央延伸到地方，助力北京市实现首期地方国库现金管理操作。（11月）

2015 年

○ 圆满完成地方政府债券发行服务工作，支持 34 家地方政府成功自主发行地方债总计3.84万亿元。公司为此在金融时报社与中国社会科学院联合举办的"2015中国金融机构金牌榜"评选中荣获"年度最佳地方政府债中介服务机构"称号。

○ 中债国债收益率曲线获国际货币基金组织权威认可，其3个月期国债收益率被纳入特别提款权（SDR）利率篮子，此事入选金融时报社与中国社会科学院联合评选的2015年度中国证券市场十大新闻。

○ 积极实施国际化战略，主动推进债券市场对外开放，紧紧抓住中韩高层访问、推进两国贸易与金融合作的政策机遇，与韩国中央托管机构密切沟通，提出"中韩债市通"方案，得到人民银行支持，写入李克强总理访韩的金融合作声明。

○ 配合国家发展改革委企业债券发行制度改革要求，组建中债企业债券评估中心，接受国家发展改革委的委托，承担企业债券评估和信用体系建设职能。

○ 成立上海、深圳客户服务中心，并在上海客户服务中心基础上设立上海分公司。充分做好为上海自贸区提供金融服务的业务准备，开立FT账户，设计完成支持在自贸区发债的相关业务方案和技术准备工作。

○ 银监会、财政部批准同意公司独资设立银行业理财登记托管中心有限公司。

○ 公司主要领导调整，水汝庆任公司党委书记、董事长、总经理。

○ 首次发布中国银行业理财市场年度报告。

○ 成立中债估值中心事业部，推动信息业务再上新台阶。聚焦中债价格指标产品编制工作，增强市场服务能力。

○ 韩国 Korea Investment & Securities 公司成功在韩国证券期货交易所上市发行跟踪中债指数的ETN产品，此产品成为首只在韩国上市并投资中国境内债券市场的ETN指数产品。

○ 人力资源和社会保障部、全国博士后管委会批准公司设立博士后科研工作站。

○《债券》杂志荣获首届中国期刊交易博览会"2015 中国最美期刊"称号。

○ 组织完成支付系统延时配套改造工作，保障人民币跨境支付系统（CIPS）直接参与者流动性管理需要。

○ 顺利完成首批 6 家试点地区地方国库现金管理业务，启动全国及地方社保基金协议存款质押券管理业务。

○ 新一代储蓄国债系统顺利上线运营。

○ 启动境外央行 DVP 结算项目，顺利实现 34 家境外央行 DVP 结算及付息兑付即时转账处理。

2016 年

○ 公司领导班子调整充实：党委书记、董事长水汝庆，党委副书记、总经理陈刚明，党委副书记、监事长白伟群，党委委员、副总经理柳柏树，副总经理周自立，党委委员、纪委书记张孟军，党委委员、副总经理刘凡，党委委员、副总经理徐良堆。

○ 编制发布 2016—2020 年战略规划，为公司新时期的发展确立了目标，明确了任务，绘制了蓝图。着力打造公司上海国际化窗口，推动上海分公司发展列入上海国际金融中心建设"十三五"规划。

○ 中国人民银行官网发布公司编制的国债收益率曲线、商业银行收益率曲线（AAA）和中短期票据收益率曲线（AAA）；10 月，国际货币基金组织（IMF）正式采用由公司编制的 3 个月期限中债国债收益率作为代表性利率纳入 SDR 利率计算。

○ 全年支持各类债券发行 14.2 万亿元，其中支持地方政府债券发行超过 6 万亿元；DVP 结算首次突破千万亿元；公司登记托管债券类资产 43.7 万亿元、商业银行理财产品 29.1 万亿元、信托产品 19.1 万亿元，登记托管各类金融资产共计91.9万亿元。

○ 成立中债担保品业务中心，"中债担保品"业务深化发展：实现人民银行中期借贷便利债券质押操作电子化办理，为新型货币政策工具全面直通式电子化处理迈出了坚实一步；地方国库现金管理试点范围继续扩大增加至21家，由公司为其提供担保品管理服务；截至2016年底，担保品管理余额突破12万亿元，债券担保品规模跃居全球中央证券托管机构首位。

○ 发布国内首批绿色债券指数和全球首只气候相关债券指数，填补市场空白。指数编制兼顾国内、国外权威标准，为债券投资者、发行人提供了绿色债券、气候相关债券价格走势参考指标，并荣获气候债券倡议组织（CBI）"First Unlabeled Green Bond Index"奖项。

○ 发布自贸区债券业务指引，成功支持上海市政府发行首单"自贸区债券"，将一体化服务全面延伸至自贸区债券业务领域。

○ 企业债服务工作全面深化：贯彻落实党中央、国务院部署和国家发展改革委要求，进一步打通投融资渠道，公司配合国家发展改革委积极组织推进融资政策全国巡讲工作，第一批巡讲共覆盖全国17个省份，听众约5100人，行程超4万公里。首次完成企业债承销商信用评价工作，并开发建设信用档案信息系统。

○ 举办首届中国银行业理财市场年会；发布《中国银行业理财市场年度报告（2015年）》以及《中国银行业理财市场半年度报告（2016年上半年）》。

○ 经银监会、财政部同意，公司全资设立银行业理财登记托管中心有限公司。8月26日，银行业理财登记托管中心有限公司正式揭牌。

○ 经银监会、财政部报请国务院同意，公司发起并绝对控股设立中国信托登记有限责任公司。12月26日，中国信托登记有限责任公司正式揭牌。

○ 中债智库建设初具雏形：博士后科研工作站建站及博士后进站

系列工作顺利落地；联合中国人民大学成立中债研究所，与中国金融学会绿色金融专业委员会、上海新金融研究院等机构积极开展学术合作；打造"金融街 10 号"论坛品牌，推出《金融街 10 号丛书》；首次发布资产证券化白皮书及中英双语版《中国债券市场概览》。

○ 金融时报社和中国社会科学院联合举办"2016 中国金融机构金牌榜·金龙奖"评选，公司荣获"年度最佳债券市场中介服务机构"称号。

2017 年

○ 为贯彻落实全国国有企业党的建设工作会议精神和习近平总书记重要讲话精神，根据财政部要求，将党建工作要求写入公司章程，为党组织有效开展工作、发挥作用提供制度保障。

○ 中国人民银行副行长易纲于 4 月 15 日出席公司中债指数专家指导委员会第十三次会议，并对中债估值等相关工作做出重要指示。中国人民银行行长助理张晓慧及主管部门、市场机构、学术机构等方面领导、委员、专家参会。

○ 全年支持各类债券发行 13.6 万亿元，其中支持特别国债滚动发行近 7000 亿元。DVP 结算金额继续突破千万亿元。公司登记托管债券类资产 51 万亿元、商业银行理财产品近 30 万亿元、信托产品 24 万亿元、信贷资产 1.7 万亿元，政府出资产业投资基金 1.8 万亿元，登记托管各类金融资产首次突破百万亿元大关。

○ 设立上海总部，对接上海国际金融中心建设国家战略，推进"债券跨境发行中心、跨境结算中心、中债担保品业务中心、中债金融估值中心、上海数据中心"五大功能平台建设。在新华社中国经济信息社上海中心、中国金融信息中心举办的评选中，上海总部的设立入选"2017 上海国际金融中心建设十大事件"。

○ 担保品管理服务取得新突破。全面实现人民银行新型货币政策工具中期借贷便利、常备借贷便利全流程电子化操作和 DVP 结算，并纳入担保品管理系统。地方国库现金管理担保品管理服务已在全国范围内推广，覆盖全国 95% 的省级地方财政部门。首次实现公司担保品管理服务在国际财经合作和开发性金融两个新领域的运用。截至 2017 年末，担保品管理余额近 15 万亿元，继续居全球中央证券托管机构首位。

○ 承担全国政府出资产业投资基金登记工作，开创金融资产登记新领域。国家发展改革委发布指引，明确公司承担对基金信用信息进行登记确认、数据保管和统计分析等职能。根据国家发展改革委的授权及指导，公司开发、运行全国政府出资产业投资基金信用信息登记系统。截至 2017 年末，系统登记的产业基金共 1443 只，基金规模突破 1.8 万亿元。

○ 全面加强信息技术建设。启动新一代系统建设、数据中心建设。12 月 29 日，全资设立的中债金科信息技术有限公司正式揭牌。

○ 全资设立中债金融估值中心有限公司。7 月 5 日，中债金融估值中心有限公司在上海正式揭牌，并发布 SKY（上海关键期限国债收益率）。中债金融估值中心落户上海入选 2017 年度中国资本市场十大新闻。

○ 全面推进跨境服务基础设施建设，成功完成 SWIFT 接入项目和英文客户端项目。配合实施香港"债券通"项目。

○ 支持中国进出口银行首次面向境内外及"债券通"合格投资者发行 20 亿元绿色金融债券，这是国内首只以市场化方式面向全球投资者簿记发行的绿色金融债券。

○ 强化战略合作，推进共赢发展。公司与国家信息中心签署信用信息共享合作备忘录，持续推进企业债券市场信用体系建设；继工商银行、交通银行之后，分别与建设银行、农业银行、中国银行、浦发银行签署全面战略合作协议，共同推进业务创新和产品宣传，建立应急授信合作机制；与明讯银行签署合作备忘录，正式启动双方在托管、结算及担保品管理等方面的合作探索。

○ 在金融时报社和中国社会科学院联合举办的"2017中国金融机构金牌榜·金龙奖"评选中，公司荣获"最佳债券市场对外开放服务机构"称号。

2018 年

○ 中国银保监会党委书记、主席郭树清于2月8日莅临公司调研，听取公司工作汇报，慰问基层员工。郭树清主席充分肯定了公司工作成绩，勉励公司继续贯彻落实中央和银保监会党委决策部署，发挥专业专长，服务穿透监管，进一步发挥监管支持单位作用。

○ 中国人民银行行长易纲于4月14日出席公司举办的公司中债指数专家指导委员会第十四次会议，并对中债估值等工作做出重要指示，高度评价公司编制中债指数"是改革的成果，开放的成果"，要求公司继续为服务金融改革开放做出贡献。国家金融与发展实验室理事长李扬、人民银行原行长助理张晓慧及主管部门、市场机构、学术机构等方面领导、委员、专家参会。

○ 第十三届全国政协经济委员会委员、中国证监会原主席肖钢于9月4日莅临公司开展专题调研，听取公司有关工作汇报，对公司工作给予肯定并提出要求，希望公司从全局角度深入聚焦多层次资本市场体系建设、金融基础设施建设，充分发挥公司专业地位和政策研究平台作用。

○ 国家重要基础设施地位进一步凸显。全年支持各类债券发行13.8万亿元。支持人民银行公开市场操作10.8万亿元。支持中央和地方国库现金管理操作共计8.2万亿元，创历史新高。DVP结算金额超1200万亿元。截至2018年末，公司登记各类金融资产突破120万亿元，其中债券类 57.6 万亿元；担保品管理余额近 14 万亿元，继续居全球中央证券托管机构首位。

○ 积极服务债券市场对外开放。截至年末，公司服务的境外机构达 944 家，托管债券余额为 1.5 万亿元。公司成功以"中债模式"实现"债券通"DVP 结算自动化处理；与加拿大多伦多交易所集团（TMX）签署合作备忘录；推进与中国银行业协会共建英国代表处；探索推动与中华（澳门）金融资产交易公司开展合作；继续推动与明讯银行互联互通。

○ 上海总部建设取得新进展。上海总部新办公大楼正式启用。上海总部、中债估值中心联合申报项目"首只中国（上海）自贸试验区债券发行及'上海关键收益率 SKY'发布"获上海金融创新奖一等奖，上海总部荣获浦东新区 2017 年度"经济突出贡献奖"。与上海财经大学合作成立"中债国际研究所"。

○ 深化企业债券技术评估职能。落实国家发展改革委要求，大力推进优质企业发债试点工作，开发对接 27 家 3A 级优质企业客户，额度约 5000 亿元。积极推进企业债日常评估，全年共评估企业债券 134 只、金融 7296 亿元，占国家发展改革委核准总量的 87%。

○ 中债金融估值中心有限公司与全球信息商 IHS Markit 合作推出指数，在卢森堡交易所发布中债绿色系列指数，被《金融时报》评选为 2018 年度中国资本市场十大新闻之一。

○ 在金融时报社和中国社会科学院联合举办的"2018 中国金融机构金牌榜·金龙奖"评选中，公司荣获"年度债券市场支持实体经济最佳服务机构"称号。

2019 年

○ 中国人民银行行长易纲于 5 月 18 日出席公司中债指数专家指导

委员会第十五次会议并发表讲话，清华大学五道口金融学院院长张晓慧主持会议。易纲行长指出，金融基础设施是金融市场的枢纽，中央结算公司在金融基础设施体系中处于非常重要的位置，为中国债券市场发展做出了一系列基础性的贡献，已成为国家宏观政策操作的重要平台和债券市场开放的重要门户；公司二十年精心打造的一整套反映人民币债券市场价格及风险状况的指标体系，有效促进了债券公允价格形成和市场透明度提升，对充分发挥债券市场的融资功能、服务实体经济具有重要意义，也为政策制定提供了重要的分析工具。易纲行长对中债价格指标工作高度重视，并对中债指数专家指导委员会的组织形式予以充分肯定。

○ 公司发展得到北京、上海市委市政府领导高度关注和重视。北京市委常委、副市长殷勇，上海市委常委、副市长吴清，上海市委常委、浦东新区区委书记翁祖亮先后莅临公司调研指导，听取工作汇报，对公司工作成绩给予充分肯定。

○ 支持中国债券市场高效运行。全年发行登记债券15.3万亿元，托管总量突破65万亿元，完成债券结算1433万亿元，均创历史新高。担保品管理余额超13万亿元，继续稳居全球中央证券托管机构首位。支持全部15家商业银行发行16期、总额5696亿元永续债。积极支持地方政府债券柜台业务、储蓄国债"随到随买"试点落地实施。

○ 支持国家宏观经济政策实施。全年支持人民银行公开市场操作近7.5万亿元。支持国债和地方政府债发行8.4万亿元，中央和地方国库现金管理操作6.8万亿元。支持中央和地方预算管理改革，深度参与财政核心业务一体化系统建设，财政部运维服务中心落户公司。高效开展企业债技术评估，支持企业债发行管理体制改革，受托稳妥开展政府出资产业投资基金登记和全国企业债务风险监测系统建设工作。

○ 切实履行防范化解重大金融风险职责。配合管理部门处置包商银行、网信证券等风险事件，妥善解决问题机构存续交易、债券付息兑付、估值等难题，建立国内首个担保品违约处置机制，完成首场违约债券拍卖。在金融时报社和国家金融与发展实验室联合举办的"2019中国金融机构金牌榜·金龙奖"评选中，公司荣获"年度最佳金融市场风险管理服务支持机构"称号。

○ 创设跨境互联的澳门MOX模式，支持财政部在澳门首次发行20亿元人民币国债，人民币国债境外发行首次实现中央登记、一级托管和结算，建立国债全球"一本账"。"人民币国债首次在澳门发行，两地基础设施合作"被《金融时报》评选为2019年度中国资本市场十大新闻之一。

○ 发挥中国债市开放主门户功能。全面支持中国债市开放"全球通"、香港"债券通"、澳门MOX模式。深度参与IMF中期磋商，深化与世界银行的合作。获邀在中俄财长对话就"债券市场基础设施发展"发表主旨演讲。推动"人民币债券成为英国市场普遍接纳的合格担保品"写入中英财金合作框架，与中国银行业协会完成共建英国代表处。与欧洲清算银行签署合作备忘录，深化合作，推进跨境互联。支持首单自贸区和境外债券发行。

○ 拓展深化中债担保品管理服务领域。与国内全部六家期货交易所合作，在期货市场全面推广债券冲抵保证金。向保险资管领域引入担保品服务，落地首单境外投资者参与债券作为保证金业务和首单商业银行同业授信质押业务。

○ 中债估值国际影响力逐步扩大。与工商银行、新加坡证券交易所签署合作备忘录，并在新加坡证券交易所展示合作指数。首只含绿债中债指数ETF基金在台湾证券交易所上市。推出中资美元债价格产品、离岸人民币债价格产品等创新估值品种。

○ 积极服务资管市场转型。支持理财子公司业务发展，推动理财业务监管数据标准化，全年新增登记非保本理财产品110.9万亿元。推动信贷资产登记流转业务规范化、标准化建设，助力银行业支持小微企业融资和不良资产处置，全年新增登记3761.1亿元，支持流转3815.7亿元。

○ 公司在沪拓展保持良好态势。上海总部被中国（上海）自由贸易试验区管理委员会评为中国（上海）自贸试验区"制度创新十大经典样本企业"之一。"中债指数系列产品创新与突破"项目荣获上海金融创新成果奖一等奖。

○ 提升IT自主研发和自动化运维能力。国债期货实物交割系统、中债国际业务操作平台分获年度银行科技发展奖二、三等奖。与清华大学正式签署战略合作协议，联合成立全国首家金融信息科技创新研究院。

2020年

○ 郭树清主席莅临调研。12月15日，人民银行党委书记、银保监会主席郭树清视察公司，调研债市改革发展情况，听取公司相关工作汇报并召开座谈会。"一行两会"相关部门负责人参加。

○ 支持抗疫特别国债发行。6月18日至7月30日，公司圆满支持16期次、总额1万亿元抗疫特别国债发行，全面支持财政政策有效实施，为疫情期间高效筹措财政资金贡献力量。

○ 落实企业债券注册制改革。3月，企业债券注册制改革拉开序幕，国家发展改革委明确公司作为唯一受理机构和指定审核机构。公司切实履行职责，完善注册各阶段工作制度，规范高效开展日常受理审核工作，强化信息披露制度建设，抓牢存续期风险监测，全面落实以信息披露为中心的监管工作。

○ 做好疫情防控和复工复产工作。疫情期间，公司圆满完成延迟开市的艰巨任务，顺利保障债券市场稳定运行，开市当日支持人民银行公开市场操作1.2万亿元，办理付息兑付3224亿元，均创历史新高。

全年支持发行抗疫特别国债1万亿元，抗疫主题金融债645亿元，湖北地方债2839.5亿元、企业债405亿元，抗疫主题理财直融工具27.8亿元。全体干部员工累计向湖北地区捐款32万元。公司受邀参加全国抗击新冠肺炎疫情表彰大会，统筹抗疫复工复产相关事迹被新华社、北京电视台等多家媒体报道，年末获金融时报社和国家金融与发展实验室联合举办的"2020中国金融机构金牌榜·金龙奖"之"年度最佳债券市场抗疫复产支持机构"称号。

○ 深入落实减税降费。公司于2020年初打响行业内降费第一枪，年内两次调降所有券种发行登记服务费，并定向减免湖北省地方债、企业债发行人相关费用，降费力度在同业中最大。

○ 新一代系统成功上线。公司历经3年自主研发的新一代综合业务系统于10月9日成功上线，全面实现基础环境升级、业务再造和技术重构，以全新的客户管理体系和扁平化账户体系，全面提升服务效能，为境内外客户提供更加安全高效的基础设施服务。

○ 京沪数据中心投产运行。京沪数据中心建设克服疫情不利影响，相继于2020年12月和2021年1月投产运行。项目双双拿到国家A级机房认证证书，交付规格达到国际T3级机房标准要求。公司基础设施硬实力和业务连续性保障水平进一步提升，两个"两地三中心"架构基本奠定。

○ 统一运维体系规划落地。推进统一运维制度建设，建立京沪数据中心一体化运维机制，为全面发挥两个"两地三中心"架构效能、提升业务连续性保障水平筑牢基础。全面推进外联网、骨干网、局域网、互联网规划建设，着力优化外联接入服务，为市场参与者提供标准化的高可用一站式接入，降低市场机构运营成本，提升外联接入便利性和稳定性。

○ 积极发挥金融基础设施作用。全年支持人民银行公开市场操作15.1万亿元，支持创新工具操作15.1万亿元，创历史新高；支持各类债券发行 21.9 万亿元，办理资金结算 1750 万亿元，办理付息兑付及手续费拨付 12.4 万亿元。截至年末，公司登记托管各类金融资产 111.1 万亿元，其中债券 77.1 万亿元；担保品管理规模超过 15 万亿元。各类机构在公司开立债券账户 2.8 万户，其中，境外客户超 1200 户，持债规模达 2.8 万亿元，均创新高。公司发布中债债券业务处理规范、数据规范和技术处理规范，进一步完善中债标准体系。发挥信贷资产登记流转职能，启动信贷资产证券化信息登记工作，推动不良贷款转让试点，全年新增登记信贷资产 3772.9 亿元，支持信贷资产流转 3688.1 亿元。履行理财登记服务职能，优化理财直融工具业务，落地理财信息披露服务，全年登记理财产品 10.8 万只，年末托管理财产品 218.2 亿元，年内支持理财直融工具发行 659.4 亿元。

○ 拓展中债价格产品应用。2020 年新增发布曲线 818 条、指数 72 只。估值产品持续保持债券市场全覆盖，完善保险资管产品估值体系，推出信托资产估值。发布环境、社会和公司治理（ESG）评价体系，填补市场服务空白领域。

○ 与国际掉期与衍生工具协会（ISDA）发布联合白皮书。以更高站位、更全视角探讨使用人民币债券作为国际场外衍生品交易保证金的可行性，为人民币债券资产的跨境应用打开新思路。

○ 与清华大学联合成立金融信息科技创新研究院。在大数据、人工智能、区块链等前沿领域开展深入研究，促进业务、技术和数据的融合，赋能金融企业数字化转型。

2021 年

○ 北京市委书记蔡奇莅临调研。2 月 22 日，中央政治局委员、北京市委书记蔡奇莅临公司 IT 板块和中债清华金融科技研究院视察调研，听取公司工作汇报。北京市委副书记、市长陈吉宁，北京市委常委、副市长殷勇以及中国人民银行、银保监会、证监会、外汇局领导陪同调研。

○ 发布实施《公司2021—2025年战略规划》。确立"在更大格局、更高层次上建成专业化、数字化、现代化的开放型金融基础设施"的战略目标和推动"质量变革、动力变革、效率变革"的战略任务。经财政部批准，公司注册资本金增至125亿元；经银保监会批准，公司在深圳客服中心基础上设立深圳分公司；出资参股建信金科，以资本为纽带加强合作；按照银保监会和财政部工作部署，公司收购接收原华融交易中心。

○ 京沪数据中心正式运营。对标国际标准建设的北京数据中心、上海数据中心双双取得国家A级机房证书并正式投入使用，公司两个"两地三中心"体系全面确立，京沪四中心一体化运维体系成功运作。

○ 创新推出一站式网络接入服务。构建专用网络实现市场成员与公司一点接入，探索尝试金融基础设施服务新模式，提高公司网络接入服务的运行效率和安全稳定，显著提升客户体验，并有效节省市场机构运营成本，每年可为市场成员特别是中小金融机构减负超1亿元。

○ 援建澳门金融基础设施。根据财政部和澳门中联办部署要求，在银保监会、国务院港澳办关怀指导下，应澳门特区政府邀请，公司在短时间内完成澳门金融基础设施CSD建设咨询工作及系统建设任务，并交付投入运营，赢得国家管理部门、澳门特区政府和市场同业的认可和赞誉。澳门特区政府贺一诚特首、澳门中联办傅自应主任听取公司工作汇报并给予高度评价。

○ 公司荣获《金融时报》金龙奖"2021年度最佳绿色金融创新发展支持机构"和国际金融论坛"全球绿色金融创新奖"。持续创新绿色金融服务，发布中债绿色债券环境效益指标体系，打造绿债数据库，构建中债ESG评价体系；配合全国碳交易市场启动发布碳交易指数，发布市场首只"碳中和"绿色债券指数并首次用于支持结构性产品发行；

与工商银行合作推出绿色债券指数并在澳门MOX、卢森堡交易所发布展示，与交通银行在第四届进博会上合作推出长三角ESG优选信用债指数。

○ 公司牵头编制的4项金融行业标准正式发布。公司历时四年牵头编制的债券价格指标产品数据采集规范、债券价格指标产品描述规范、资产管理银行理财产品介绍要素、资产管理信托产品介绍要素等4项金融行业标准于年内正式发布。

○ 支持养老理财产品试点工作。积极配合银保监会启动养老理财产品试点，建设养老理财管理系统，支持养老理财产品信息登记及限额管理，助力养老理财试点平稳运行。截至2021年底，支持试点机构顺利发售4只养老理财产品，累计募集金额超170亿元。

○ 打造企业债券全流程线上业务平台。为各参与方提供全要素、全链条、全生命周期的一站式服务，打造数字化、智能化的产业政策服务支持专属工具，成为国家发展改革委唯一指定的企业债券业务系统，助力企业债券首次实现受理、审核、备案、信批等全流程业务一体化线上办理。

○ 承办第九届全国创投峰会。克服疫情、汛情双重考验，与河南省方面精诚合作，成功承办第九届国家级全国创投峰会。该峰会作为2021全国"全民创业万众创新活动周"重要活动之一，得到国家发展改革委"规格历届最高，成效前所未有"的高度评价和表扬。

○ 举办第五届担保品国际论坛。国务院参事、银保监会原副主席王兆星，英国驻华大使馆公使衔参赞路睿出席，财政部、人民银行、证监会、上海金融法院等管理部门领导应邀作主题演讲，明讯、欧清、摩根大通、纽约梅隆银行、国际掉期与衍生工具协会等国际同业机构负责人发表"云演讲"。年内推出通用式担保品管理服务，联合外汇交易中心推出外币回购业务，首次将担保品管理延伸至外汇市场。

○ 深化减费让利，履行央企社会责任。巩固深化2020年两轮减费成果，推出一站式接入服务等提质降费新举措，定向降费支持河南、山西抗洪救灾，全年降费让利规模达9.7亿元。多措并举，做好甘肃和政、临洮两县定点帮扶工作。持续开展捐资助学，累计向中国金融教育发展基金会捐款达300万元。